KB195549

아우구스티누스

첫 단 추 시 리 즈

아우구스티누스

헨리 채드윅 지음
전경훈 옮김

교유서가

일러두기

1. 이 책은 『교부 아우구스티누스』(뿌리와이파리, 2016)의 일부 오류를 수정하여 재출
   간 하였다.

2. 이 책에는 토론토에서 진행한 라킨 스튜어트 강의Larkin Stuart Lectures(1980)와 옥스
   퍼드에서 진행한 새럼 강의Sarum Lectures(1982~3)의 자료들이 쓰였다.

3. 성경 제목은 가톨릭 성경을 따랐으며 가독성을 높이고자 줄여 썼다.
   (예: 코린토 신자들에게 보내는 첫째 서간 → 코린토1서)

차례

약어 설명

(아우구스티누스 저작의 제목은 국내 번역서의 제목을 따르되, 분도출판사의 교부문헌
총서의 제목을 우선 따르기로 한다.)

Ac   Contra Academicos『아카데미아학파 반박』

B   De baptismo『세례론』

BC   De bono conjugali『결혼론』

BV   De beata vita『행복한 삶』

C   Confessiones『고백록』

CD   De civitae Dei『신국론』

CE   De consensu evangelistarum『복음사가들의 일치에 관하여』

CG   De correptione et gratia『타락과 은총』

CR   De catechizandis rudibus『기초교리교육론』

DDC De doctrina Christina『그리스도교 교양』

DP De dono perseverantiae 『인내의 선물』

E Epistulae 『서간집』

Ejo In epistulam Johannis 『요한 서간 강해』

EP Contra Epistulam Parmeniani 『파르메니아누스의 서신 반박』

F Contra Faustum Manichaeum 『마니교도 파우스투스 반박』

GC De gratia Christi et de peccato originali 『그리스도의 은총과 원죄』

GL De Genesi ad litteram 『창세기 문자적 해설』

J Contra Julianum Pelagianum 『펠라기우스파 율리아누스 반박』

Jo Tractatus in Evangelium Johannis 『요한복음 강해』

LA De libero arbitrio 『자유의지론』

M De moribus ecclesiae catholicae et de moribus Manichaeorum 『가톨릭교회의 관습과 마니교의 관습』

N De natura et gratia 『본성과 은총』

O De ordine 『질서론』

P Enarrationes in Psalmos 『시편 강해』

PM De peccatorum meritis 『죄의 공로와 용서』

QA De quantitate animae 『영혼의 위대함』

QH Quaestiones de Heptateucho 『구약 7경서經書에 관한 물음들』

QS   De diversis quaestionibus ad Simplicianum 『심플리키아누스
를 향한 다양한 물음들』

R   Retractationes 『재고록』

S   Sermones 『설교집』

SL   De spiritu et littera 『영靈과 문자』

Sol   Soliloquies 『독백록』

T   De Trinitate 『삼위일체론』

VR   De vera religione 『참된 종교』

아우구스티누스 사상의 형성 과정

키케로, 마니, 플라톤, 그리스도

　　아우구스티누스의 사상에 대한 간단한 소개에서 그의 전기傳記를 제공할 수는 없다. 그가 쓴 자서전은 고대의 어떤 자서전보다도 유명하고 영향력이 크다. 이것이 이유가 되어 사람들은 자연스레 그의 심리와 성격에 열띤 관심을 보여왔다. 자신의 감정을 명확하게 표현할 수 있는 능력 면에서 그를 능가할 고대인은 아무도 없다. 그의 저술들은 또한 그가 살았던 시대의 사회사를 연구할 때 주요 자료가 된다. 이 책에서는 이러한 측면들보다는 그의 사상이 어떻게 형성되었는지를 다룰 것이다. 그것은 오랜 시간에 걸친 과정이었다. 아우구스티누스는 어떤 주제들에 대해서는 마음을 바꾸었으며, 또다른 주제들에 대해서는 자신의 관점을 발전시켜나갔기 때문이다. 그는 자신을 '앞으로 나아가며 글을 쓰는 사람이자, 글을 쓰며 앞으로 나아가는 사람'(E143)이라고 묘사했다. 그는 당대의 연이은 논쟁에 얽혀 있었으며, 그의 사상적 변화는 이런 논쟁에서 오는 압박과 밀접하게 얽혀 있었다. 따라서 그의 사상을 이해하려면 역사적 배경을 필수적으로 참조해야 한다. 그러나 이 책에서는 그의 사상적 범위를 넘어서면서까지 그의 '생애와 시대'를 다루지는 않을 것이다.

아우렐리우스 아우구스티누스는 기원후 354년에 태어나 430년에 죽었다. 그는 단 5년을 제외하고는 전 생애를 로마 제국의 북아프리카에서 보냈다. 인생 후반부의 34년 동안에는 당시 번화한 항구도시였던 히포Hippo—현재 지명은 알제리의 안나바Annaba—의 주교로 살았다. 히포에서는 오직 주교인 아우구스티누스만 책이란 것을 소유하고 있었을 뿐, 그의 가족들조차 고급스러운 교양과 거리가 있었다. 그는 교육을 통해서 교양을 쌓았다. 그의 저술들은 어떤 고대 작가의 저술보다 많은 양이 현재까지 전해오고 있는데, 이를 통해 그는 동시대인들만 아니라 후대의 서구문화에도 광범위한 영향을 끼치게 되었다. 그가 미친 영향의 범위는 유산으로 남긴 논쟁 주제들의 목록을 통해 요약될 수 있다.

1. 중세 스콜라 철학자들 및 중세 대학 창립자들의 신학과 철학은 신앙과 이성의 관계에 대한 아우구스티누스의 사상에 뿌리를 두고 있다. 페트루스 롬바르두스Petrus Lombardus는 신학 과목의 기초 교과서로 쓰고자『명제집Sententiarum Libri Quatuor』(1155)을 편찬했는데, 이 책에 실린 여러 명제가 아우구스티누스의 저술에서 나왔다. 비슷한 시대의 그라티아누스Gratianus는 이후 서유럽에서 가장 주요하게 사용될 교회법 안내서인『교령집Decretum』을 작성하며 아우구스티누스의 저술에서 많은 부분을 인용했다.

2. 서구 신비주의자들의 열망 또한 그의 영향에서 벗어난 적이 없다. 이는 무엇보다도 그의 사상이 언제나 신의 사랑에 중심을 두고 있었기 때문이다. 그는 사랑이란 개인의 행복을 추구하는 것이면서도 일정 부분 자신을 부정해야 하며, 자신이 아닌 것이 되고자 반드시 고통을 겪어야 한다는 역설을 처음으로 깨달았다.

3. 종교개혁이 일어난 주요 동기는 중세 가톨릭교회의 신심이 신의 은총보다는 인간의 노력에 더 많이 의지했다는 점을 비판하는 데 있었다. 이에 대해 가톨릭교회 내부의 반反종교개혁Counter-Reformation 관점에서는 의지의 자유와 선행의 도덕적 가치('공로[功勞, merit]')를 부인하지 않고도 신의 은총이 지닌 주권(主權, sovereignty)을 확실히 긍정할 수 있다

1. 성 아우구스티누스의 가장 오래된 초상(프레스코, 라테라노 대성당, 6세기)

고 대응했다. 양측 모두 논쟁을 벌이면서 아우구스티누스의 텍스트를 매우 많이 인용했다.

4. 18세기에는 인간이 완전해질 수 있음을 확신하는 사람들과, 인간 본성을 개인과 전체 인류의 이기심 때문에 타락했다고 보는 사람들 사이의 대립이 격렬했다. 논쟁의 초점은 바로 아우구스티누스가 '원죄(原罪, original sin)'라고 부르던 것이었다. 계몽주의자들은 이 원죄에 대한 믿음이야말로 인간이 완전해지는 것을 방해한다고 보았으며, 그 때문에 아우구스티누스를 매우 싫어했다. 사람이란 과감하게 스스로 사고해야 한다는 계몽주의의 원칙을 그토록 웅변적으로 주창했던 철학자 칸트마저 인간 본성은 편재하는 근본적인 악으로 인해 왜곡되었다는 믿음에 단호히 동의했고, 계몽주의자들은 이를 무척이나 불쾌하게 여겼다.

5. 계몽주의에 대한 반작용으로 낭만주의 운동에서는 지적인 논증의 결론보다는 인간의 감정이 종교의 핵심이라고 보았다. 아우구스티누스는 절대 반反지성주의자가 아니었지만, 그렇다고 지성이 최종 판단을 내리는 것이라고도 생각하지 않았다. 그는 오히려 인간의 감정들에 대해 상당히 긍정적으로 평가한 선구자였다. 오늘날처럼 우리가 이러한 의미에서 '마음'이란 단어를 쓰게 된 것은 아우구스티누스 덕분이다.

6. 아우구스티누스는 그리스도교 플라톤주의자들 중에서 가장 예리한 사람이었으며, 플라톤과 아리스토텔레스에서 가지를 뻗는 고전 유신론(有神論, theism)과 그리스도교 사이의 종합을 이루는 기초를 놓는 데 큰 몫을 했다. 플라톤 사상의 전통을 체계화한 3세기의 플로티노스Plotinos로부터 깊은 영향을 받긴 했지만, 이 철학적 전통의 비평가들 중에 가장 날카로운 비평가가 되었다.

7. 그는 우리가 현실을 묘사하고자 할 때, 언어와 현실이 맺는 관계의 문제에서 가장 중요한 주제들이 제시된다는 점을, 그 이전에(그리고 그 이후로도 오랫동안) 살았던 누구보다도 더 명확하게 이해했다. 그는 비非언어적 소통에 대해 비판적으로 연구한 선구자였다.

안셀무스, 아퀴나스, 페트라르카(언제나 『고백록Confessiones』의 문고본을 지니고 다녔다), 루터, 벨라르미노Bellarmino, 파스칼, 키르케고르는 모두 아우구스티누스라는 커다란 떡갈나무 그늘 아래 있다. 비트겐슈타인이 가장 좋아한 책들 중에는 아우구스티누스의 저술들이 있었다. 니체에게 아우구스티누스는 '검은 짐승bête noire'(프랑스어에서 온 말로 특별히 싫어하거나 꺼리는 것을 나타낸다―옮긴이)이었다. 아우구스티누스의 심리학적 분석은 프로이트를 부분적으로 예견하고 있다. 그는 '무의식'의 존재를 처음으로 탐구한 사람이었다.

아우구스티누스는 이러한 의미에서 '최초의 근대인'이었다. 그의 글을 읽으면 놀라울 정도로 깊은 심리학적 차원의 이야기를 들을 수 있고, 논리 정연한 사고체계와 마주하게 된다. 이 사고체계의 많은 부분은 여전히 사람들의 관심과 존경을 불러일으킬 만한 잠재력을 지니고 있다. 그는 이후 서구에서 인간 본성에 대해 사고하는 방식과 '신God'이라는 어휘가 의미하게 된 바에 영향을 끼쳤다. 플라톤의 추종자였던 그는 물질적 자연환경에 대해서는 거의 신경쓰지 않았으며, 윤리적 문제들에 대해서는 무관심한 채 경외심 없이 이루어지는 과학 연구를 저어하며 글을 썼다. 하지만 수학적 질서와 합리성이야말로 이 세계의 가장 중요한 특징이라 여기는 근대과학자들의 가정을 고대사회에서 아우구스티누스만큼 훌륭하게 대변한 이도 없다. 근대과학의 출현을 가능하게 할, 세계의 창조질서에 대한 태도가 형성되는 데 그가 실질적으로 기여했다는 말이다. 그러나 다른 한편으로는 그를 고대사회에 속했던 사람으로 다루지 않으면 우리는 그의 저술들을 공정하게 읽을 수 없다. 그의 정신과 문화는 모두 그리스와 로마의 문학 및 철학으로 형성되었다. 다만 그리스도교로 개종하면서 그는 이러한 고대 고전들과 다소 불편한 관계에 놓이게 되었다. 그는 고전에 대한 비평가이며, 이를 중세와 근대 세계로 전달한 전수자이기도 하다.

그리스인들은 누구도 호메로스를 넘어설 시를 쓴 적 없고, 헤로도토스와 투키디데스에 필적할 역사를 기술한 적 없으며, 누구도 플라톤과 아리스토텔레스 및 스토아학파와 에피쿠로스학파의 주석이 아닌 철학을 한 적 없다고 생각했다. 마찬가지로 로마인들 또한 과거의 대가들을 고전의 모범으로 삼았다. 산문과 연설에서는 키케로, 시에서는 베르길리우스와 호라티우스였다. 아우구스티누스 시대에 교육받은 사람들 중에는 키케로의 연설과 베르길리우스의 시를 모두 암송할 줄 아는 사람들이 있었다. 인쇄술의 발명 덕분에 필사본에 견주어 책값이 상대적으로 저렴해진 오늘날, 이러한 기억력은 필요도 없고 거의 믿을 수 없다고까지 이야기된다. 다만 고대와 중세 세계에서 학교 교육이란 대체로 무엇이든 마음에 새기기 쉬운 나이에 계속되는 기계적 암기로 이루어졌다. 키케로의 산문과 베르길리우스의 시는 아우구스티누스의 마음에도 깊숙이 새겨져 있었다. 그래서 여러 쪽에 걸친 긴 글을 쓸 때면 거의 언제나 그들에 대한 연상이나 인유가 들어갈 수밖에 없었다. 젊은 시절 그는 살루스티우스Sallustius가 쓴 공화정 시대 로마의 어두운 역사와 테렌티우스Terentius가 쓴 희극들도 읽었다. 이들은 그가 자연스레 숨쉬던 문예의 공기를 이루었으며, 그는 라틴 고전문학에서 가져온 구절들을 자신의 산문에 섞어 넣었다. 비교적 최근에 들어와서야 다수의 인유들이 확인되었으나, 아직도 밝혀내야 할 것들이 많이 남아 있다.

아우구스티누스에게 이렇게 고상한 문예적 배경이 있었다는 것이 그 시대에 그다지 유별난 일은 아니었다. 그의 문화적 배경이 된 곳은 로마제국의 북아프리카로, 당시 이곳은 평화와 번영을 누리던 부유한 속주屬州들로 이루어져 있었다. 사람들은 높은 수준의 교육을 받았고, 오늘날 튀니스Tunis의 바르도Bardo박물관에서 볼 수 있는 고급 모자이크와 조각들로 자신들의 별장을 꾸며놓고 살았다. 무슬림이 이 지역을 정복한 것은 아우구스티누스가 죽고 200년도 더 지난 뒤의 일이다. 이후에 지중해를 둘러싼 무역은 계속되었음에도, 근대에 들어 프랑스가 북아프리카를 점령했던 상대적으로 짧은 기간을 제외하고는, 지중해의 남과 북은 줄곧 서로 다른 문화권으로 나뉘어 다른 언어를 사용해왔다. 하지만 아우구스티누스 시대에는 지중해의 남과 북이 모두 하나의 세계에 속했고, 아프리카인들은 지역 특유의 억양이 있긴 했지만 모두 라틴어로 말하고 썼다. 북아프리카는 이탈리아에 곡물을 다량 공급했다. 여름철이면 카르타고나 히포에서 푸테올리Puteoli(오늘날의 포추올리Pozzuoli)나 오스티아Ostia까지 가는 수 척의 배들이 매주 있었으므로 이탈리아에 쉽사리 자주 오갈 수 있었다. 당시 유복했던 집안들을 견줘봐도 로마제국의 아프리카는 이탈리아보다 부유했으며, 그 때문에 아프리카 속주들은 독립해 있다는 느낌이 강해서 자치권을 원하고 있었다.

로마제국의 아프리카에서는 출중한 작가들이 많이 나왔다. 1세기에는 점성술에 관한 운문 안내서를 쓴 마닐리우스 Manilius가 있었다. 2세기에는 마르쿠스 아우렐리우스 황제의 개인 교사였던 프론토Fronto, 마법과 종교와 성性을 독특하게 뒤섞어놓은 「황금 당나귀」(『변신 이야기Metamorphoses』) 뿐만 아니라 후대에 오랫동안 영향을 미칠 플라톤 철학 안내서들을 써서 베스트셀러 작가가 된 마다우로스의 아풀레이우스Apuleius Madaurensis, 저녁 만찬 자리에서 효과적으로 대화하는 데 도움을 줄 리더스 다이제스트식 안내서 『아티카풍의 우아한 밤Noctes Atticae』을 쓴 아울루스 겔리우스Aulus Gellius가 있다. 아우구스티누스 시대에는 마크로비우스Macrobius가 있었는데, 그가 쓴 「스키피오의 꿈Somnium Scipionis」 (키케로의 『국가론De Republica』 중 마지막 책)에 대한 주석서는 이후 중세 서구에서 신플라톤주의 철학에 대한 주요 참고문헌이 되었다. 그리고 스스로 이교도라고 인식했던 마르티아누스 카펠라Martianus Capella도 있는데, 그는 아우구스티누스 사후로 추정되는 시기에 『필로로기아와 메르쿠리우스의 결

혼De nuptiis Philologiae et Mercurii』을 써서 독자들에게 일곱 교
양과목의 구성요소들을 가르치고 학문을 통하여 천국에 이
르는 법을 보여주고자 했다.

　2세기엔 북아프리카 지역에 그리스도교 선교가 왕성하
게 이뤄지면서 많은 수도회가 설립되었으며, 이들이 사용할
수 있도록 그리스어 성경이 라틴어로 번역되었다. 이 지역에
서 그리스도교로 개종한 이들 가운데에는 뛰어난 인물도 더
러 있었다. 2세기 말의 테르툴리아누스Tertullianus는 서방 교
회의 신학 용어집을 만들었다고 할 수 있는 인물이며, 비판
적인 이교도들이나 위험한 그리스도교 이단들에 재치 있게
맞선 논쟁의 달인이었다. 키프리아누스Cyprianus는 세례받고
얼마 되지도 않아 카르타고 주교로 선출되었다가 10년 뒤
인 258년에 순교했다. 그는 가톨릭교회 전례의 순수성을 유
지할 것과 사도직(使徒職, apostolic ministry: 예수의 열두 제자를
사도apostle라 부르고, 예수가 그들에게 부여하고 주교들에게로 이
어지는 직무를 사도직이라고 한다―옮긴이)에 사법권이 포함된
다는 것을 줄기차게 주장했다. 4세기 전반, 콘스탄티누스황
제 시대에는 아르노비우스Arnobius와 락탄티우스Lactantius라
는 아프리카 출신 그리스도인 두 사람이 철학적 비판에 맞서
그들의 신앙을 옹호하는 글을 썼다. 이들은 그들 이전에 있
었던 그리스인 그리스도인들에게 부분적으로 빚지고 있다.

로마제국이 통치한 아프리카의 인구는 매우 다양한 구성을 이루었다. 농장에서 일하는 농민들은 베르베르족과 페니키아인들이었으며 포에니어語(고대 카르타고를 중심으로 사용된, 페니키아어의 한 갈래─옮긴이)를 사용했다. 카르타고나 히포 같은 항구에 많은 무역상은 그리스어를 사용했고, 당시에 (그리고 그 이후로도 오랫동안) 그리스어가 널리 통용되던 시칠리아 및 남부 이탈리아와 밀접하게 연결되어 있었다. 라틴어는 교육, 군사, 행정 언어로 사용되었다. 아우구스티누스의 어머니 모니카의 이름이 베르베르식이긴 하지만, 그의 가정과 학교의 문화는 전체적으로 라틴 문화가 기본이었다.

로마제국 말기의 카르타고는 무역도시로 번성했다. 그곳에 살았던 사람들은 원형경기장에서 벌어지는 맹수와 검투사들의 싸움을 즐겼을 뿐만 아니라, 시 낭송 대회나 연극과 같이 피 흘리지 않는 문화행사들 또한 즐길 줄 알았다. 도시에 훌륭한 법률가와 의사뿐 아니라 '문법학자'라고 부르던 문학 교사들도 있었다. 아우구스티누스가 처음부터 이러한 도시에서 태어나 자란 것은 아니다. 그는 로마제국의 집정관 직속 속주인 누미디아의 타가스테Thagaste라는 내륙 산간 지역에서 태어난 시골 소년이었다. 이 지역은 로마 도로의 교차점이었으며 시장이 서던 곳으로, 현재 알제리 동부의 수크아라스Souk-Ahras가 있는 곳이다. 그의 아버지 파트리쿠스Patricus는 땅 몇천 평과 여자 노예 한두 명을 두었을 뿐 전혀 부유하지 않았는데, 그나마도 아우구스티누스가 10대 소년이었을 때 죽었다. 아우구스티누스에게는 남자와 여자 형제가 하나씩 있었지만, 그가 맏이였는지 둘째나 막내였는지는 알려진 바 없다. 소읍에 있는 학교들이 대부분 그러했듯, 아우구스티누스가 다닌 타가스테의 학교도 교사 한 명이 모든 교과를 맡아 가르쳤다. 아우구스티누스는 이 교사란 사람이 학생들에게 공부에 대한 흥미를 불러일으키기보다는 몽둥이를 다루는 데 더 능하다는 것을 알게 되었다. 얼마 지나지 않아 그는 근처 마다우라Madaura에 있는 다른 교사를 찾아갔으며, 아버지 파트리쿠스가 죽은 뒤에는 로마니아누스Romanianus라는 부유한 이웃의 후원을 받아 카르타고에 가서 공부했다.

나중에 아우구스티누스는 학창 시절을 돌아보며 끔찍한 경험이었고 오직 성인 생활의 분쟁과 불의와 실망에 대비한 훈련으로서만 가치 있었다고 술회했다. 매우 예민하고 학구적인 소년이었던 아우구스티누스는 위대한 작가들의 글을 읽으며 스스로 교양을 쌓았다. 아이들이 견뎌야 했던 처벌은 거기에서 무언가를 얻을 마음이 있는 아이들에게나 득이 될까, 나머지 아이들에게는 그저 분노만 일으키고 오히려 반사회성을 이전보다 심화시켰다. 그는 자신을 가르친 어느 교사에 대해서도 존경이나 감사를 표한 적이 없다.

타가스테의 학교에서 그는 처음으로 그리스어를 배우기 시작했다. 언어를 배우는 일의 고충을 싫어하긴 했지만, 얼마 지나지 않아 필요할 때면 언제나 그리스어 책을 읽을 수 있게 되었으며, 그리스어에 숙달되었을 때는 무척 전문적인 철학 원서들을 스스로 번역할 수 있을 만큼 실력을 쌓았다. 그러나 그는 로마제국의 많은 귀족들과 달리 호메로스를 비롯한 그리스 문학에 통달하려 하지는 않았다. 라틴어를 사용하는 서방에서도 이제는 지적 자긍심을 가질 때가 되었다는 생각을 공유하고 있었다. 이런 생각을 하는 사람은 고대 후기 서방에서 이미 드물지 않았다. 라틴 문화 또한 스스로 두 발로 설 필요가 있었으며, 다만 이를 위해서는 그리스 고전 명작들을 열등한 라틴어 사용자들에게 읽히려는 용도로 개작하는 것보다 더 많은 노력을 기울여야 했다. 당시 사람들은 그들의 영웅이었던 베르길리우스가 사실은 호메로스에게 엄청나게 많은 빚을 지고 있다는 사실에 대해 알지 못했고 또 알려고도 하지 않았다. 그러나 그들은 철학에서 그리스인들이 최고의 대가들이었으며, 당시에도 여전히 그러하다는 것을 알고 있었다. 키케로와 세네카는 로마인들을 위한 교육용으로 그리스의 철학 논쟁들을 번안해 대화편이나 '서간집'을 편찬했다. 키케로의 철학 대화편들은 서로 다른 여러 학파 사이에 벌어진 논쟁들을 깔끔하게 정리한 지식의 보고와 같았으며, 20대의 아우구스티누스도 그 내용을 매우 잘 알게 되었다.

그리스어를 모르지 않았음에도 아우구스티누스는 할 수만 있다면 늘 라틴어 번역본을 구해서 더 편하게 읽었다. 그는 아리스토텔레스의 『범주론Kategoriai』 라틴어본을 구할 수 있었고 이를 훤히 잘 알 정도로 읽었으며, 정당한 추론 법칙들에 관한 연구에 대해서도 잘 알고 있었다. 아리스토텔레스의 논문 『해석론Peri Hermeneias』 중 악명 높은 9장에서 논의되는 '미래시점 우연 명제'의 문제 또한 그에게는 익숙했다. 아우구스티누스는 당대의 신新플라톤주의자들에게 동조하여, 미래의 불확실성에 관해 아리스토텔레스의 추종자들보다 더 결정론적인 표현들을 사용했다. 그가 말하고자 한 것은, 일어나는 사건이 우리에게는 '우발적'이지만(즉, 무언가가 그 사건이 일어나도록 원인을 제공하지 않았다면 그 사건은 일어나지 않았다), 신에게는 불확실하지 않다는 것이다(F26.4~5). 다시 말하자면, 비록 너무나 제한적인 우리의 정신으로는 깨달을 수 없지만, 미래는 과거만큼이나 바꿀 수 없다는 것이다. 아우구스티누스는 특히 스토아학파의 논리와 윤리적 주장들에 관심이 있었다. 그는 언어를 통해 현실에 대한 의미를 어디까지 전달할 수 있는가 하는 문제에 매혹되었다. 그는 '옳다'와 '그르다'가 의미하는 것은 결국 '유쾌하다'와 '불쾌하다'일 뿐이라고 주장하는 에피쿠로스Epicuros의 쾌락주의 철학에 내재한 문제점들을 예리하게 분석할 줄도 알았다.

역설적이라 할 수 있게도 그의 뼛속까지 깊이 스며든 그리스 철학자는 바로 플라톤이었다. 하지만 당시까지 라틴어로 번역된 플라톤의 작품은 하나밖에 없었다. 이전에 키케로가 『티마이오스Timaios』를 절반가량 번역했었고 4세기에 칼키디우스Calcidius는 이 대화편에 정교한 주석을 달았다. 아마도 아우구스티누스는 이 주석본에 대해서 알았을 수도 있다(그러나 몰랐을 가능성이 크다). 그가 한동안 학생들을 가르쳤던 카르타고나 로마에서 플라톤의 그리스어본 대화편들을 구하기란 그리 어렵지 않았을 것이다. 두 도시 모두 그리스어를 할 줄 아는 시민들이 살고 있었다. 그러나 아우구스티누스가 원서를 가지고 직접 플라톤을 탐구했던 것 같지는 않다.

(나이 서른한 살에) 그의 마음을 사로잡았던 플라톤 철학의 형태는 당시의 '현대' 플라톤 철학, 곧 오늘날 우리가 신플라톤주의라고 부르는 것이었다. 한 세기 전쯤 플로티노스(205~270)가 자신의 비교秘教 모임 안에서만 가르쳤던 내용이 그의 명민한 제자이자 편집자 겸 전기 작가인 티레의 포르피리오스(232?~305?)에 의해 대중으로 퍼져나갔다. 플로

티노스는 로마에서 가르치는 일을 했고 포르피리오스는 생의 한 부분을 시칠리아에서 보내긴 했지만, 두 사람 모두 그리스어로만 저술했다. 그들의 사상은 대단히 추상적이고 복잡한데도 그리스어를 쓰던 동방만이 아니라 라틴어를 쓰던 서방에도 엄청난 영향을 미쳤다. 플라톤 철학에 대한 열정으로 들떠 있던 시기에 아우구스티누스는 '플라톤이 다시 살아오는 것'을 보았다고 단언했다(Ac.3. 41). 이 구절은 플로티노스 자신이 목표했던 것을 정확히 반영하는 것이었다. 아우구스티누스는 플라톤을 독립적이고 위대한 사고의 힘을 지닌 인간 이상의 존재로 여겼다. 그에게 플라톤은 하나의 권위로 자리매김했다.

스토아학파의 윤리학 기본 원칙들을 흡수하고 포르피리오스를 통해 아리스토텔레스의 논리학 또한 수용하면서, 신플라톤주의는 후기 고대사회의 철학적 관점들을 망라하는 지배적 위치에 올랐다. 플로티노스와 포르피리오스 두 사람의 저술들은 모두 마리우스 빅토리누스Marius Victorinus에 의해 라틴어로 번역되었다. 그는 아프리카 출신으로 로마에서 수사학과 철학을 가르쳤다. 아우구스티누스가 태어나던 시기에 한창 명성을 떨치고 있었는데, 갑자기 세례를 받고 그리스도교 신자가 됨으로써 대부분 이교도였던 당시 귀족들을 깜짝 놀라게 했다. 빅토리누스는 아리스토텔레스와 포르피리오스의 논리학 저술들을 번역하기도 했다. 그중에서도 포르피리오스가 작성한 아리스토텔레스 논리학 입문서 『이사고게Isagoge』의 라틴어 번역본은 뛰어난 명확성과 간결한 정확성으로 이후 천 년 동안 표준 교과서로 사용되었다.

키케로

철학적 문제들에 관해 청년 아우구스티누스를 이끌어주며 처음부터 그에게 가장 강하게 영향을 끼친 것은 키케로의 대화편들이었다. 아우구스티누스는 키케로의 많은 작품을 상세하게 알고 있었는데, 그중에서도 『호르텐시우스Hortensius』가 화학적 촉매 같은 특별한 영향을 미쳤다. 이 책은 중요한 판단을 내리려면 공무원이나 정치인에게조차 철학적 사고가 필요하다는 사실을 입증하고 있다. 아우구스티누스는 열아홉 살 학생 시절 카르타고에서 처음 읽었던 이 책 구절들을 노년기에 쓴 작품에서도 인용하고 있다. 키케로는 아리스토텔레스 자신이 철학 공부를 권하는 내용으로 쓴 글을 로마인들에게 읽히고자 부분적으로 번안했다. 키케로의 이상은 개인적인 자족自足이며, 모두가 추구하는 행복이란 향락에 빠져 사는 생활 속에선 찾을 수 없음을 깨닫는 것이었다. 그러한 생활은 결국 자기 존중과 진정한 우정을 모두 파괴할 따름이다. 모두가 행복해지려 하지만 대다수는 완전히 형편없는 신세가 되고 마는 현실의 역설에 대해 깊이 생각한 끝에, 키케로는 인간의 비참함이 신의 형벌이며 우리 삶은 전생의 죄에 대한 보속이라는 결론을 내렸다. 『호르텐시우스』 또한 음식, 술, 성性에 대한 육체적 쾌락을 추구하다 보면 고차원적인 것을 추구하는 우리의 정신이 흐트러지리라는 경고를 담고 있다.

아우구스티누스는 술이나 음식을 탐하지는 않았지만 성적 충동은 강했다. 그는 열일곱이나 열여덟 무렵 카르타고에서, 노예였거나 하급 계층에 속한 여자와 사귀어 잠자리를 함께했다. 그리고 그뒤에도 꾸준히 관계를 유지하며—13년이 넘는 기간 동안 충실하게 그녀와 함께 살았다—사춘기 시절의 모험을 끝맺었다. 얼마 되지 않아 그녀는 아들을 낳았는데, 아우구스티누스는 처음엔 이 아이를 원치 않았다가, 결국에는 무척이나 사랑하게 되었다. 그들은 이 아이를 아데오다투스Adeodatus라 불렀는데, '신의 선물'이라는 뜻으로 오늘날의 시어도어Theodore 또는 조너선Jonathan에 해당하는 이름이다. 아들은 똑똑한 아이로 자라났지만, 열일곱 살에 죽고 말았다.

아우구스티누스는 『호르텐시우스』를 읽자마자 윤리와 종교에 관한 주제들을 심각하게 생각하기 시작했다. 그의 아버지는 이교도였으며 임종 직전에 세례받았다. 성격은 성마른

데다가 아내에게도 충실하지 않았다. 아우구스티누스가 아버지와 가까웠다는 흔적은 어디에서도 찾아볼 수 없다. 이와 달리, 그의 어머니 모니카는 독실한 그리스도교 신자였으며 날마다 가까운 성당에 나가 기도했고 종종 꿈과 환시를 통해 인도되었다. 그녀는 아들이 아직 어린아이였을 때 유아세례를 받게 했다. 아우구스티누스는 회의적인 10대 소년으로 성장한 뒤에도 어머니를 따라 성당에 가곤 했지만, 성당 건물 뒤란에서 여자아이들의 관심을 끄느라 바빴을 뿐이다. 열아홉 살이 되어 카르타고에 있을 적에 그는 키케로가 제기한 질문들, 특히 행복 추구에 관한 질문의 심각성을 깨닫고 라틴어 성경을 집어들게 되었다. 그러나 그는 내용이 모호하고 문체가 조야한 성경에 거부감을 느꼈다. 그가 본 성경은 교육을 덜 받은 선교사들이 2세기경에 만든, 다소 조잡한 초기 형태의 라틴어본이었기 때문이다. 이미 키케로의 어법과 베르길리우스의 문체로 정신이 가득찼고, 극장에 가서 훌륭한 연극을 즐길 줄 알았던 젊은이에게 구舊라틴어 성경(현대 학자들이 놀랄 만큼 뛰어난 작업으로 복원해놓았다)은 깊은 인상을 남길 만한 책이 되지 못했다. 결국 그는 혐오감을 느끼며 성경에 등을 돌렸다. 성경은 그저 아담과 이브에 관한 순진한 신화처럼 보였고, 믿기 어려울 정도로 형편없는 도덕성을 지닌 이스라엘 족장들의 이야기로만 들렸다. 특히 마태오복음서와 루카복음서에 기록된 예수의 가계도가 서로 일치하지 않는다는 사실은 그가 교회로 돌아오리라 기대했던 어머니의 바람에 종지부를 찍게 했다(S51. 6).

그리하며 아우구스티누스는 다른 곳에서 도움을 구하기 시작했다. 한때는 점성술에 끌렸는데, 점성술은 별달리 종교처럼 보이지 않으면서도 삶에 대한 지침을 제시해줄 것 같았기 때문이다. 그러고는 100년도 더 전에 마니(216~277)가 가르친 비의적祕意的 신지학(神智學, theosophy: 직관으로써 신과 합일해 신의 본질을 인식할 수 있다는 신비주의─옮긴이)에 빠져들었다.

마니

마니교는 물질세계에 대한 거부와 혐오를 시적인 형태로 표현해놓았으며, 금욕주의적 덕성을 극도로 추구하는 근본 원리가 되었다. 마니교 신자들은 인간의 '하반신'을 어둠의 왕자인 악마의 역겨운 창조물로 보았다. 마니의 정신세계에서 성性과 어둠은 긴밀하게 연결되어 있었고 어둠은 바로 악의 요체였다. (자신의 저급한 욕구들을 모두 어둠의 힘 탓으로 돌리고 그에 대한 자신의 책임을 면하려는 것이 아니고서야) 이러한 종교가 성을 중요하게 여기는 젊은이의 마음을 끌었으리라 생각하기는 어렵다. 그러나 마니교 공동체는 두 개의 계급 또는 등급의 신봉자들로 구성되어 있었다. 절대적 순결은 선택된 자들이라고 부르던 상위 등급에만 요구되는 것이었다. 아우구스티누스는 단순히 '듣는 자'라 불린 하위 등급에 속했는데, 이들은 한 달 중 '안전한' 기간에는 성관계가 허용되었으나, 그때조차 아이를 갖지 않도록 조치해야 했다. 하지만 아이를 갖게 되더라도 그 때문에 공동체에서 축출되지는 않았다. 따라서 이들 '듣는 자'들은 자신의 부인이나, 아우구스티누스의 경우처럼 첩과 함께 사는 것이 허용되었다. 그러나 어떠한 방식으로든 성에 대해 긍정적으로 생각하는 일은 권장되지 않았다. 그것은 악마가 개입해 벌이는 일이었다.

마니는 만물의 물질적 질서와 그 창조주가 모두 선하다고 전제하는 구약성경의 권위를 일절 부정했다. 또한 신약성경에서 물질이 지닌 질서와 선에 대해 말하는 내용이나, 구약성경이 지닌 영감과 권위를 드러내는 구절들을 후대에 삽입된 것으로 치부해 전부 삭제했다. 그가 보기에 그런 내용들이 제외되기만 한다면 신약성경은 건전한 책이었다. 그는 관대하게도 모든 종교 제도 안에 진리가 있다고 인정했으며, 지나치게 배타적이고 다른 종교의 신화와 예배 형태를 부정한다는 이유로 정통 그리스도교를 거부했다. 그러나 그는 자신이 받은 계시를 통해 뚜렷이 '구별되는 하나의 종교'를 스스로 창시했다는 점을 확신하면서도 자신이 그리스도인으로 여겨지길 원했다. 엄밀한 의미에서 그는 '이단'이었다. 이단이란 종교 공동체의 주류가 받아들일 수 없는 방식으로 근본 문헌과 교리를 재해석하면서도 여전히 그 공동체 안에 남아 있기를 원하고, 그에 대해 교정하라는 요청에 저항하는 사람이다. 그는 성경의 몇몇 주제와 용어를 차용했으며, 구속주救贖主로서 예수의 역할을 인정했다. 다만 그는 예수를 모든 인간의 곤경을 나타내는 상징으로 여겼을 뿐, 이 땅 위를 걸어다니다 결국 십자가에 처형된 역사적 인물로 보지 않았다. 구속주는 유사類似 신으로서, 육체를 지니고서 태어날 수도 없고 죽을 수도 없다(이슬람의 교리를 예견하는 주장이다). 십자가 처형은 결코 실제 일어난 사건이 아니며, 다만 고통이라는 보편적 인간 조건을 드러내는 상징에 지나지 않는다.

마니는 그리스도교에서 그가 취한 모든 것을 이원론과 범신론의 틀 안에서 해석했다. 그가 자신의 교의를 형상화하면서 내세웠던 엄청나게 복잡하고 정교한 신화를 통해 이를 이해할 수 있다. 그에게 중심 질문은 악의 기원에 관한 것이었다. 그는 악이 태초부터 지금까지 이어지는 빛과 어둠의 우주적 대결에서 비롯된 것이라 설명했다. 이 세상에 존재하는 선한 세력과 악한 세력에는 제각각 강점과 약점이 있으며, 그로 인해 어느 한쪽도 다른 한쪽을 완전히 이길 수 없다. 어둠의 힘이 빛의 영역을 손상시킴으로써 신의 작은 파편들 곧 영혼이란 것이 동식물을 망라해 온 세상의 살아 있는 것들에게 두루 흩뿌려졌다. 특히 멜론과 오이는 신성神性을 많이 담고 있는 것으로 여겨져 마니교의 '선택된 자'들의 식단에 두드러진 재료가 되었다. 그들이 지켜야 할 음식 관련 규칙은 정교했으며, 특히 술은 엄격히 금지되었다. 마니교 교사들과 선교사들은 그리스도교 교회에서 새로운 신자들을 끌어들이고 싶어했다. 그리스도교 신자들이 성찬례에서 성작聖爵은 받지 못하고 제병만 받게 된 시점에 이미 마니교의 개념들이 침투해 들어오기 시작했음을 탐지할 수 있다. 교회 신자들은 섬세한 양피지에 아름다운 서체로 쓰인 마니교 경전과 엄숙한 음악에 특히 감명받았을 것이다.

마니는 자신이 쓴 신화에서 예수에게 높은 지위를 부여하긴 했지만, 그의 공동체에서 가장 높고 오류 없는 가르침을 내리는 지위는 예수나 유대인들의 오래된 책이 아니라 그 자신에게 두었다. 마니는 신의 사도였으며, 유대인 제자들도 모두 예비하지 못한 진리를 드러내고자 이후에 오리라고 예수가 예언한 보혜사(保惠師, paracletos: 요한복음서에서 언급되는 성령의 다른 이름으로 '보호자'나 '협조자'를 뜻한다—옮긴이)였다. 마니는 교회가 그 모체인 유대교에서 물려받은 특수성을 전혀 인정하지 않았다. 도리어 마니는 그 자신의 풍성하면서도 부분적으로 선정적인 신화를 제시하며, 이것이야말로 진리를 합리적이고도 일관적으로 설명한 것이라 주장했다. 그 진리는 정통 그리스도교 신자들이 한낱 권위에 기대어 믿고 있는 단순한 신앙과 분명히 대별된다. 마니교의 선전 활동은 구약성경의 도덕성과 역사적 정확성, 그리고 신약성경에서 마니교도들이 보기에 너무나 유대교적인 부분들을 공격하는 데 크게 관심을 쏟았다. 무엇보다도, 마니교 신자들은 악이라는 문제에 대해 만족할 만한 해답은 단 하나밖에 없음을 강조했다. 악이란 물질세계의 물성物性 안에 내재해 있어 뿌리 뽑을 수 없는 세력이다. 누구도 이토록 불편한 세상의 궁극적 창조주가 전능하며 참으로 선할 거라고 그럴싸하게 주장할 수는 없을 것이다. 주지主旨를 일관되게 펼치려면, 전능이나 전선全善 중 하나를 희생해야 한다. 마니교 교사들은 모든 사람이 더이상의 정의나 탐구 없이도 '악'이 의미하는 바를 알고 있다고 생각했으며 이를 당연하게 여겼다.

처음에는 카르타고에서, 이후에는 로마에서 꼬박 10년 동안 가르치는 일을 하면서 아우구스티누스는 마니교도들과 어울려 지냈다. 가톨릭교회의 정통 교리를 전투적으로 비판하며, 그는 교회 신자들에 견주어 자신이 지적으로 우월하다고 생각했다. 그리고 교회 주교들까지도 소양과 비판적 탐구 정신이 부족하다고 경멸하며, 친구들을 마니교로 개종시켰다. 그러나 20대였던 이 시기에 그가 라틴 문헌과 수사학의 기교들만 줄곧 가르치고 있었던 것은 아니고, 수사학 연구가 자연스레 가닿는 철학적 논제와 논리학 문제에 대해서도 숙고하고 있었다. 쌓여가는 의심들이 그를 괴롭혔다. 지고하게 선한 빛의 힘이 어둠과 대적할 때 그토록 약하고 무능한 것이 되고 만다는 마니의 주장은 참으로 옳을까? 그토록 힘없고 비천한 신을 어떻게 숭배할 수 있단 말인가? 더욱이, 마니교의 신화에서는 두 개의 위대하고 선한 빛인 해와 달에 큰 역할을 부여하고 일식과 월식에 대한 신화적 설명조차 믿어야 할 교리로 가르쳤다. 우주의 끔찍한 전투 현장을 보이지 않게 하려고 해와 달이 특별한 베일을 쓴다는 것이다. 아우구스티누스는 이러한 마니교의 설명이 당대 최고의 천문학자들이 하는 설명과 어긋난다는 것을 알고 고뇌에 빠졌다. 정통 그리스도교의 교리에서 신화적 내용을 제거하더라도 여전히 매우 중요한 무언가가 남겠지만, 마니교는 그렇지 않다는 생각이 들었다. 마니교에서는 여전히 신화가 핵심을 이루고 있었기 때문이다. 그는 이제 마니교라는 이단의 환상에서 벗어나기 시작했다. 이러한 과정이 절정에 이른 것은 당시 마니교도들 사이에서 명성을 누리던 파우스투스라는 스승 앞에 그가 품고 있던 의심들을 던져놓았을 때였다. 아우구스티누스는 이 스승이란 자가 사고력이 있다기보다는 말만 능란하게 잘한다는 것을 깨달았다. 게다가, 마니교에서 죄 없이 완벽하다고 주장하는 '선택된 자'들의 생활 또한 그가 생각했던 것보다 순결하지 않다는 사실도 드러났다.

아우구스티누스는 마니교를 대신할 사상을 찾아 주위를 둘러보았다. 그는 이미 선악의 균형에 관한 마니교의 교리들과 신新피타고라스학파의 생각들을 결합하는 데 관심을 기울이고 있었다. 신피타고라스학파에서는 비례를 완전체의 아름다움 속에 있는 한 요소로 생각했으며, 무한한 복수성infinite plurality이라는 악의 개념에 반대되는 선한 '단자(單子, monad)'(하나는 하나이고 혼자이며 영원히 그러하다)라는 개념을 가지고 있었다. 20대 중반의 아우구스티누스는 이러한 주제에 관해 책 한 권을 쓰기까지 했는데, 훗날 이에 대해 회상하며 덜 익혀 잘못 소화된 것이라고 스스로 비웃었다(Civ. 20-7). 계속해서 늘어나는 의심들로 그는 판단 보류 상태에 빠졌고, 앎에 관한 이론에 열렬히 몰두하게 되었다. 어떻게 우리는 무언가를 아는가? 어떻게 전적인 확신에 이를 수 있는가? 언어란 의미를 잘못 전달하기도 하며 말하는 이가 의도한 것과는 전혀 다른 뜻으로 해석되기도 하는데, 우리는 어떻게 소통할 수 있는가? 그토록 빈번하게 논리 규칙에서 벗어나는 일상 언어란 광명의 샘인가, 혼돈의 원천

인가?

이렇게 주저하는 마음으로 아우구스티누스는 회의주의 철학자들의 책을 집어삼키듯 읽었다. 그리고 받아들인 의견이나 감각을 통한 지각뿐만 아니라, 한 사람에게 그가 모르고 있던 중요한 것을 일러주는 언어의 힘까지도 모두 불확실하며 불확정적일 뿐이라고 교조적으로 확신하게 되었다.

384년 밀라노에 도착했을 때 아우구스티누스의 마음 상태는 이러했다. 그는 이 도시의 신임 수사학 교수로 부임했으며 더 높은 자리에 오르리라는 희망을 품고 있었다. 당시 밀라노는 황제가 주재하는 도시였다. 이탈리아인들은 아우구스티누스의 아프리카식 모음 발음을 듣고 웃음 짓긴 했지만, 그는 매우 달변이라 궁정에서도 호의적으로 관심을 둘 정도였다. 영향력 있는 관리들의 지원을 얻어낼 수 있다면 속주 한 곳의 총독 자리쯤은 꿰찰 수도 있을 것 같았다(Cvi. 19). 당연하게도 이러한 야망 앞에는 장애물이 많았다. 그는 지방에서 올라온 중산층 출신이었으며 뒤를 받쳐줄 만한 재산도 없었다. 더욱이 그는 '내연의 처'이며 아데오다투스의 어머니인 카르타고인 첩과 살림을 꾸리고 있는 상태였다. 한 도시의 수사학 교수가 한 일로서는 누구도 눈썹을 치켜올리며 바라보지 않았을 테지만, 궁정에서는 받아들여지지 않을 수 있었다. 과부가 된 그의 어머니 모니카는 이때도 헌신적으로 그를 따라 밀라노까지 함께 와 있었다. 모니카는 아들의 교양 없는 애첩이 영예와 명성을 거머쥐려는 아들의 세속적 욕망을 실현하는 데 치명적인 장애물임을 간파했다. 결국 아우구스티누스의 첩은 카르타고로 돌려보내졌고, 이 이별은 당사자 둘 모두에게 엄청난 고통을 안겨주었다. 그 뒤에 아우구스티누스는 그의 꿈을 쉽게 실현시켜줄 수 있을 만큼 지참금을 많이 가져올 어린 상속녀와 약혼했다. 이 어린 약혼녀가 결혼할 수 있을 만큼 충분히 나이들 때까지 아 우구스티누스는 임시 여자친구를 찾아 위안을 구했으나 깊 은 관계를 맺지는 않았다. 그의 감정은 무뎌져만 갔다.

밀라노에서 아우구스티누스는 난생처음 자신의 식견에 크게 뒤지지 않는 그리스도교 지식인을 만났는데, 그가 바로 암브로시우스Ambrosius 주교였다. 암브로시우스는 학식이 높 았고, 궁정의 권력에 이르는 통로들도 잘 아는 인물이었다. 그는 아우구스티누스를 다정하게 맞아들였고, 모니카는 그 를 목자로 깊이 존경했다. 374년 주교로 서품되기 전에는 북 北이탈리아 속주의 총독이었다. 그리스도교 귀족 집안에서 받은 교육 덕분에 그리스어에 능통했다. 강론을 할 때면 카 이사리아의 바실리우스와 같은 그리스인 그리스도교 신학 자들과, 사도 바오로와 동시대를 살았던 유대교 신학자 필론 뿐만 아니라 플로티노스의 사상에서 받은 영감도 활용했다.

그러나 플로티노스의 사상을 빌려왔음에도 이교도 철학을 진리의 안내자로 삼는 일은 경계했다.

당시 밀라노에 있었던 그리스도교 지식인으로 아우구스티누스에게 영향을 미쳤던 사람을 하나 더 꼽는다면 그보다 나이가 많은 심플리키아누스Simplicianus를 들 수 있다. 그를 통해 아우구스티누스는 고등교육을 받고 사회적 지위가 있었던 그리스도교 평신도 무리와 어울리며 플로티노스와 포르피리오스를 함께 읽게 됐다. 그들은 마리우스 빅토리누스를 무척 존경했다. 빅토리누스는 신플라톤주의의 논리를 전개하여 삼위일체 교리를 옹호하는 데 말년을 바쳤던 인물이다. 아우구스티누스는 빅토리누스의 모호한 신학 저술에 크게 영향받지는 않았다. 그러나 빅토리누스가 번역한 플로티노스와 포르피리오스를 읽었으며 이것이 그의 마음에 불을 지폈다. 이런 사실이 현대 독자들에게는 놀랍게 보일 수 있다. 현대인에게는 신플라톤주의가 난해하고 비교적秘敎的인 것으로 보이기 쉬운 탓이다. 신플라톤주의 존재론의 전제 및 공리는 오늘날 과학적 방법론의 전제 및 공리와 무척 다르다. 신플라톤주의는 물질이 아니라 정신에서 출발하기 때문이다.

플로티노스와 포르피리오스

포르피리오스가 쓴 플로티노스의 전기를 보면 적어도 그 제자들의 내집단이 이 위대한 철학자에 대해 지니고 있던 경외감이 잘 드러나 있다. 포르피리오스는 플로티노스의 저술들을 편집하면서 그에 딸린 책으로 전기를 썼다. 그가 영웅시한 플로티노스가 자기 저술들의 출간을 그에게 일임해 준 것이 얼마나 올바른 결정이었는지 증명해 보이려던 이유도 있었다. 포르피리오스는 플로티노스가 제자의 비판 정신과 탁월한 운문 작문 실력에 얼마나 깊이 탄복했던가를 드러내고자 했다. 또한 어떻게 해서 자신이 예순여덟 되던 때에 지복至福의 경지에서 일자(一子, the One)와 신비로운 합일에 이를 수 있었는지를 알리고도 싶어했다. 이러한 경험은 신적 조명(照明, illumination)에 이르렀다는 플로티노스의 일생에도 네 번밖에 찾아오지 않은 것이었다. 전기를 읽어보면 플로티노스는 독창적인 천재성을 지닌 인물로 묘사되고 있다. 그를 수호하는 영靈은 무엇에도 뒤지지 않는 힘을 지니고 있고, 그의 정신은 언제나 지성의 가장 높은 경지에 몰입된 채로 머물러 있다.

좀더 나이 많은 동시대 그리스도인이었던 오리게네스와 마찬가지로, 플로티노스는 최소한의 음식과 수면을 취하고, 육식도 목욕도 하지 않는 금욕적인 삶을 살았다. '언제나 그는 육체 안에 있는 존재임을 수치스러워하는 듯 보였으며' 생일을 기념한 적도 없다. 그를 따르는 남녀 제자들이 많았는데, 이들에게 플로티노스는 인생에서 중요하든 소소하든 무언가를 결정해야 할 때 상의하는 아버지 같은 인물이었다. 그는 초자연적인 방법으로 거짓을 가려낼 줄 알았고, 분쟁이 일어났을 때 사람들은 그리스도교의 주교들에게 하듯 그에게 중재를 의뢰했다. 몹시 흥분한 상태에서 자살하려고 했던 포르피리오스를 설득해 단념시켰던 사람도 플로티노스였다.

그의 철학 체계 안에서 플로티노스는 실세계와 사고과정 사이에 밀접한 상응관계가 있다는 가정을 바탕으로 만물의 전체 구조를 언어-그림으로 그려내고자 했다. 그는 플라톤의 대화편 『파르메니데스Parmenides』와 『소피스테스Sophistes』에 나타난 변증법, 특히 동일성과 차이성에 대한 플라톤의 분석에 매우 큰 중요성을 부여했다. 다시 말해, x와 y는 '같다'는 말을 두고 동일성에 대한 확신을 문제삼는다면, 여기에는 이미 그 둘 사이의 구분이 함축되어 있다. 반대로 x와 y가 '다르다'는 말은 이미 둘 사이에 깔려 있는 동일성을 함축하게 된다. 그러므로 현세에서 우리가 지각하고 경험하는 복수성과 차별성 너머에는 단일성과 영속성이 놓여 있다. 우리가 지각하는 외양들로 이루어진 세계는 끊임없이 변화하는 세계지만, 변화란 영원불변의 토대를 전제로 성립한다.

플라톤은 정신에 의해서만 파악되는 존재Being라는 더 높은 차원의 속성으로 불변성을 들었으며, 이와 반대로 육체적 감각에 의해 지각되는 생성Becoming이라는 낮은 차원은 끊임없는 변화의 흐름이라고 보았다. 따라서 플라톤은 영원불변의 형상Forms(또는 이데아Ideas)에 관해 다음과 같은 이론을 세웠다. 우리가 이 세상에서 의롭다, 좋다, 아름답다, 참이다 하는 그 어떠한 것들도 모두 의義, 선善, 미美, 진眞이라는 절대적 형상에서 제각기 파생되어 나왔다는 한에서 그러하다. 형상은 객관적이며 항구적이고 보편적으로 타당한 실재다. 더욱이 이러한 보편자들은 인간 육체의 오감五感으로 지각되는 것이 아니라, 순전한 정신적 추상 작용의 엄격한 수학적 과정을 통해서만 파악된다. 이 추상 작용이란 것이 냉혹하게 보일지는 모르겠으나, 플라톤주의 철학에서는 이러한 보편자들이 이 세상의 원인으로 작용한다고 이해했다. 개별자들을 단독으로 따로 떼어 이야기할 수 없으며, 다만 상위 항목의 구성요소라고 할 수 있을 뿐이다. 그러므로 플라톤주의자에게는 보편적인 것이야말로 그 어떤 특정 개별 사례보다더 실재적이다. 그러나 아리스토텔레스가 보편자란 실재하는 것들을 우리의 정신이 분류해놓은 것에 지나지 않으며, 실재하는 것은 모두 특정 존재자로 체현돼 있다고 주장함으로써 플라톤의 가르침에 도전했다. 포르피리오스는 『이사고게』에서 플라톤과 아리스토텔레스를 조화시키고자 했다. 그는 두 철학자의 의견을 나란히 늘어놓고 둘 사이에 어떠한 판결도 내리지 않으려 주의를 기울였다.

아리스토텔레스는 이전부터 자의식에 관심이 있었다. 자의식 속에서 앎의 주체와 대상은 같다. 플로티노스는 이러한 관찰을 한 단계 더 끌어올려 하나의 신학으로 정립했으며, 여기에 들어 있는 여러 주제가 아우구스티누스에게는 자명한 공리로 여겨졌다. 존재의 층위 가장 꼭대기에 있는 존재란 일자 곧 신이며, 알 수 없는 절대자이자 모든 앎을 초월하는 현존재로서 오직 영혼을 통해서만 파악된다. 플로티노스가 만물의 구조라고 밝힌 존재의 거대한 사슬 또는 연속체에서 윗단계는 바로 아랫단계의 원인이 된다. 플로티노스는 존재의 층위가 진화 또는 발전한다고 이야기했으며 이를 '유출(流出, emanation)'이라는 매우 물리적 이미지를 들어 설명했다. 유출과정에서는 단계적으로 손실이 일어나므로 모든 결과는 그 원인보다 조금씩 열등하다. 그러나 이러한 열등함 속에 내재한 불완전성은 그 원인으로 회귀함으로써 극복할 수 있다. 그리고 원인 그 자체는 영원히 자신보다 열등한 결과에 실존을 부여하지만 이로 인해 자신이 줄어들지는 않는다.

이처럼 존재의 거대한 사슬 안에서 일어나는 인과적 유출에 대해 생각하는 과정에서 플로티노스는 몇 가지 사항들을 동시에 성취할 수 있었다. 먼저 그는 절대자가 절대자이기를 멈추게 하지 않는 동시에 이 세계가 논리적으로 실존의 바깥으로 떨어져나가게 하지 않으면서도, 어떻게 하면 둘 사이의 모든 관계를 잃어버리는 일 없이 초월적인 일자와 이 세계를 한데 붙잡아둘 수 있는가 하는 문제를 해결했다. 이는 존재의 근원을 향한 '전향(轉向, conversion)'에 따른 일종의 회복을 표현하는 것이었다. 다른 한편으로 플로티노스의 생각은 모든 플라톤주의자들이 답을 찾고자 미묘한 정신적 묘기를 부려야만 했던 문제, 곧 만물을 이루는 존재의 연속이 지고한 선과 권능에서 흘러나오는 것이라면 어떻게 악이 그 안에 침투할 수 있었는가 하는 문제를 어느 정도 해소해주었다.

플로티노스는 존재의 위계 맨 꼭대기에 세 개의 신적 존재들, 곧 일자One, 정신Mind, 영혼Soul이 있다고 가르쳤다. 일자는 최상의 선Good이며 따라서 일자보다 아래에 있는 존재들은 모두 이 지고선과 구분된다. 다시 말해, 완벽한 선보다는 덜 선하다는 것이다. 정신조차도 이 점에 관해서는 열등하지만, 자신의 위대함에 대한 망상들을 지닌다. 영혼은 정신보다도 열등하며, 물질을 산출하는 능력을 지닌다. 여기서 물질이란 존재의 층위에서 지고선인 일자의 대척점에 있는 것으로, 우주적 관점에서 순전한 악이며 형상 없는 비非존재다.

신플라톤주의자들은 신지학을 근본적으로 싫어했으며 특히 마니교의 신지학을 가장 싫어했다. 플로티노스가 쓴 「영지주의 논박Pros tous gnostikous」(ii. 9)은 마니교 사상에 반대하는 일련의 신플라톤주의 논문들의 시작점이 되었다. 우주를 존재의 거대한 사슬로 봄으로써 플로티노스는 악이란 단지 존재의 열등한 층위에 내재한 존재-선의 결여라고 천명할 수 있었다. 그러나 그의 사고 속에는 악에 대한 두 가지 다른 설명도 뚜렷이 제시되어 있다. 그중 하나는 자유의지를 남용한 결과 악이 세계에 들어왔다는 설명이다. 영혼의 유약함 속에 이미 그러한 가능성이 잠재되어 있었다는 것이다. 다른 하나는 물질 자체를 문제삼는다. 영혼은 그 유약함으로 인해 외부적이며 물질적인 것들에게 흡수되어버리는 경향이 있다.

그 때문에 물질 속에 내재하는 존재의 결여, 곧 도덕과 무관한 우주적 악이 영혼 안에 있는 윤리적 악의 뿌리가 된다. '물질 없이는 어떠한 윤리적 악도 있을 수 없다.'(플로티노스 i. 8, 14) 영혼에 대한 물질의 현존은 영혼의 유약함을 표출하고 영혼의 타락을 유발한다. 이와 함께 플로티노스는 영혼이 그 잠재적 능력들을 실현하고, 열등한 감각계에 이바지하려면 이와 같은 영혼의 출현과 하강이 반드시 이루어져야 한다고 말하려 했다(iv.8, 4~5). 플로티노스조차 명확하면서도 일관된 관점을 세우는 데는 실패했다고 생각하는 것은 타당하다. 아우구스티누스는 그리스도교로 회심한 뒤에 플로티노스의 실수들을 바로잡으려 했다.

포르피리오스의 주요 학설들은 그의 스승인 플로티노스와 비슷했다. 신플라톤주의 학파 내부에서는 신들을 숭배하는 데 대해 의견 일치를 보지 못했다. 플로티노스와 포르피리오스는 신령들을 달래려는 희생 제사에 참여하기를 꺼렸다. 포르피리오스는 『영혼귀환론Peri tes psyches anachoreseos』을 썼는데, 이 책이 아우구스티누스를 깊이 자극했다. 여기에서 포르피리오스는 절충적 관점을 제시하고 있다. 그는 여성 예언자들을 통해 전달되는 아폴론 신의 신탁에서 훌륭한 철학이 나올 수 있음을 인정했다. 그러나 신전에서 드리는 희생 제사나 다른 형식적 제의에 참여함으로써 영혼이 직접 정화될 수 있다고 생각하는 동료 이교도 철학자들에 대해서는 비판적으로 기술했다. 동물을 바치는 희생 제사는 너무나도 현세에 얽매인 것이었다. 게다가 제사 후에 그 고기를 먹는 관습은 채식해야 한다는 원칙과도 맞지 않았다. 이런 이유로 포르피리오스는 영혼이 일련의 비극적 사건들에 의해 하나로 결합되어 있던 '육체로부터 탈출'해야만 영혼의 정화가

성취될 수 있다고 주장했다. 육식과 성관계를 끊어버림으로
써 영혼이 점차 육체의 차꼬에서 해방될 수 있다.

　포르피리오스는 행복이란 앎에 있으며 오래된 델포이의
신탁 '네 자신을 알라'라는 명령에 복종함으로써 찾을 수 있
다고 가르쳤다. 그러면서도 인간이란 그 영혼의 유약함 때
문에 지적 관조를 계속 이어갈 능력이 없으며, 그러한 순간
이 온다 한들 기껏해야 찰나에 지나지 않는다는 것 또한 인
정했다. 그러나 그는 이렇게도 말했다. '자기 자신으로 돌아
가기 위해 스스로를 연마하라, 흩어져 작은 부스러기가 되어
버린 영적 요소들을 육체에서 전부 모아들이라.' '영혼은 육
체에 묶여 있을수록 곤궁한 처지에 몰리게 된다. 그러나 영
혼은 진정한 자신을 찾아냄으로써 진실로 풍요로워질 수 있
다. 이 진정한 자신이란 바로 지성이다.' '우리의 목표는 존
재에 대한 관조를 성취하는 것이다.' '신을 아는 자에게 신이
현존한다. 신은 모든 곳에 현존하지만, 신을 모르는 자는 신
에게 부재한다.' 아우구스티누스의 『고백록』에는 같은 이야
기의 반향이 담겨 있다.

　포르피리오스의 가르침에 따르면 신은 모든 것을 포함하
지만 그 어떤 것에도 포함되지 않는다. 신 안에 있는 존재의
근원에서 흘러나와 실존에 참여하는 만물에 일자가 현존한
다. 선은 스스로 퍼져나가는 것이 틀림없다. 그러나 모든 복

수성은 그보다 우월하고 선재하는 단일성에 의존하며 그리로 회귀하고자 한다. 존재의 위계에서, 실재한다는 것이 선하다는 것은 자명한 이치이며, 존재의 단계는 또한 선의 단계라는 점도 그러하다. 포르피리오스가 기술하기를, '존재하는 만물은 존재하는 한 선하다. 육체조차도 자체적으로 아름다움과 단일성을 지닌다'(아우구스티누스도 같은 내용을 말한다. VR 40). 지성적 실재라는 더 높은 영역과 물질적 사물 사이에서 영혼은 중간 위치에 있다. 태만과 설명할 수 없는 자기 확신적 반항으로 인해 영혼은 자만과 시기와 육욕으로 침몰할 수 있다. 그러나 금욕적 절제와 내적 관조를 통해 진정한 자기실현으로 고양될 수도 있다. 이러한 자기실현은 '신을 향유하는 것'이다. 아우구스티누스는 이 마지막 구절을 자기 것으로 만들었다.

포르피리오스는 존재 사슬의 정점에서 존재, 생명, 지성이 우리의 오감을 넘어서는 신성한 삼합三合을 이루고 있다는 구상을 플로티노스에게서 끌어냈다. 이들은 각기 구분되면서도 단일한 것으로 정의되고 서로에게 호혜적이다. 사물들이 이루는 구조는 존재의 궁극적 원칙에서 비롯하여, 가능태에서 현실태로, 추상에서 구상으로, 동일성에서 타자성으로 리드미컬하게 향하는 진행 과정이며, 이는 곧 존재의 단계가 하강하는 과정이기도 하다. 영원한 영혼들이 지닌 운명이란 그들이 원래 있던 곳으로 회귀하는 것이다. 영혼들은 본래부터 불멸한다. 여기서 회귀나 전향은 플라톤이 말한 회상(回想, Anamnesis)과 그 의미가 같다. 다시 말해 모든 앎이란 한때 우리가 (이전에 존재했던 곳에서) 알았으나 잊어버린 것을 마음에서 다시 불러내는 것이란 이야기다. 신플라톤주의자들과 그 이후에 오는 아우구스티누스는 이러한 가르침을 영혼 안에 직접 비추는 신적 조명이라는 개념으로 대부분 교체해버렸다.

포르피리오스는 말년에 이르러(몇몇 그리스도인들이 서술한 바에 따르면 그는 젊은 시절에 그리스도인이 되었으나 나중에 신앙을 버렸다고 한다) 성경 내용의 역사적 진실성과 그리스도교 신앙에 대해 길고 신랄하게 공격했다. 그리스도인들을 반박하는 포르피리오스의 책에 대해 아우구스티누스는 알지 못했다. 그러나 포르피리오스의 작품들은 의식적으로든 무의식적으로든 그리스도교와 경쟁하며 그에 대해 반론할 수 있는 대안적 종교 철학을 제시했다는 점에서 정당하게 평가될 수 있을 것이다.

밀라노에 있던 신플라톤주의자들은 빅토리누스가 번역한 플로티노스와 포르피리오스의 글들을 가지고 새로 부임한 이 수사학 교수의 마음을 사로잡았다. 아우구스티누스가 악의 문제와, 비물질적인 초월 영역의 신비체험에 관해 발견한 내용은 그 자신에게 엄청난 파장을 일으켰다. 신플라톤주의자들이 그에게 말한 바에 따르면, 영혼에는 자신을 알 수 있는 직관적 능력이 내재해 있다. 이 능력은 정신이 오감에서 벗어나, 물리적 허상들이 제거되는 변증법적 정화 과정을 거쳐 플라톤이 말했던 지복至福의 직관에 이르게 되었을 때만 발휘될 수 있다. 그들은 이것이 영혼의 고유한 능력이라고 믿었으며 이는 영혼이 신적인 빛과 진리를 향해 그 자신을 조금씩 열어 보임에 따라 실현되리라고 생각했다.

이후에 아우구스티누스는 『고백록』 7권에서, 밀라노에 있을 때 시도해본 신플라톤주의적 방식에 따른 명상법이 어떠했는지 묘사해놓았다. 플라톤주의를 통해 그는 신이 미묘한 발광체라는 마니교 개념에서 벗어날 수 있었다. 고독 속에서 내면을 통찰하며 외부에서 내부로, 육체적이고 열등한 것에서 정신적이고 우월한 것을 향해 변증법적으로 되돌아감으로써 그는 영원한 진리와 불변하는 아름다움에 대한 직관에 이르렀다. 그는 이토록 심오한 체험이 일시적일 뿐이라는 것과, 그러한 체험 뒤에는 다시금 이전과 다름없이 자만과 욕정에 소모되고 만다는 것이 실망스러웠다. 그럼에도 그는 '떨리는 찰나의 섬광'을 보았고, 그것이 영원불변하는 존재, 곧 아우구스티누스 자신의 가변적인 정신을 전적으로 초월하는 비물질적 실재에 대한 눈부신 일별이었음을 알았다

(C vii.23). 이후 *그가* 그리스도교 신자가 되어 회상하는 부분 어디에도 이러한 경험의 진정성에 대해 의심하는 기미는 보이지 않는다. 그는 『고백록』(xi.11)에서 사랑과 두려움의 합일에 관해 이야기할 때도 거의 동일한 용어들을 쓴다. 이 두려움은 다다를 수 없이 멀고 자신과 너무 '다른' 타자를 관조할 때 밀려오는 것이고, 이 사랑은 아주 가깝고 자신과 너무 비슷한 타자를 인식함으로써 느껴지는 것이다. 두려움은 부정적이며 비인격적인 속성들에 상응하고, 사랑은 숨김없는 개인적 어휘들을 통해 표현되기를 요청한다.

그가 묘사한 경험의 핵심은 이것이다. 유한한 피조물은 완전한 자기실현을 간절히 바라지만, 이러한 갈망은 충족될 수 없다. 유한한 피조물의 자기실현은 오직 자기를 넘어서는 것 안에서만, 참으로 인간의 능력으로 정의할 수도 없고 묘사할 수도 없는 존재 안에서만 경험할 수 있다.

열정과 육체적 감각들을 억누르라는 신플라톤주의의 권고 때문에 아우구스티누스는 성에 탐닉하는 것이 맑은 정신을 얻는 데 도움이 되지 않는다는 키케로의 경고로 회귀했다. 포르피리오스가 채식주의에 관해 쓴 소책자에 따르면 '신전의 제사장들이 희생 제사를 바칠 때 제의적으로 순결해지고자 성관계를 삼가야 하는 것처럼, 개개인의 영혼 또한 신에 대한 직관에 이르려면 그와 같이 순결해질 필요가 있다'. 아우구스티누스는 자기 자신이 '육욕의 유혹에 이끌린다'는 것을 알고 있었다. 아직 그리스도교 신자가 된 것은 아니었지만, 그가 심원한 심리적 체험을 발견한 것은 밀라노의 심플리키아누스와 같은 그리스도교 신자들을 통해서였다. 그 경험에서 절대적 확신을 느끼고, 일자라는 영원한 존재와 대비되는 자신의 유한성을 인식했다. 아우구스티누스는 육체보다 더 높은 차원의 존재들에게로 그의 영혼을 이끄는 명상적 철학과 오랫동안 그에게 심리적 만족은 아니더라도 육체적 만족의 원천이 되어준 성생활의 습관 사이에서 분열되었다. 그는 성공적으로 극기할 수 있길 바라고 기도했으나, '아직은 아니었다'(C viii.16). 이런 그에게 키케로의 가르침은 위안과 자극을 모두 주었다. 『호르텐시우스』에서 키케로는 이렇게 말했다. '다만 더 높은 행복을 추구하는 것이야말로—그것을 실제로 획득하는 것이 아니라—모든 인간의 부와 명예와 육체적 쾌락을 넘어서는 상급實給이다.'

회심을 향하여

키케로의 『호르텐시우스』가 남긴 역설적 효과로 열아홉 살의 아우구스티누스는 마니교에 이끌렸던 반면, 플라톤주의 철학서들을 읽은 서른한 살의 아우구스티누스는 포르피리오스가 그토록 증오했던 교회로 향하게 되었다. 밀라노의 신플라톤주의자들은 요한복음서의 머리말이나 사도 바오로의 코린토2서 3장과 4장 같이 표현과 용어에서 플라톤 철학의 영향이 강하게 드러나는 신약성경에 특별한 관심을 보였다. 이 부분들은 이후 그리스도교적 플라톤주의의 바탕을 마련해주었다. 이 신플라톤주의자들의 무리에 속한 그리스도교 신자들은 사도 바오로의 로마서를 마니교의 결정론과 이원론을 피하기 위한 것으로 해석하고자 했다. 마니교 신자였을 때 아우구스티누스는 사도 바오로의 글들이 구약성경과 일치하지 않을뿐더러 바오로 자신의 생각에도 일관성이 없다고 여겼다. 영과 육의 갈등(갈라티아서 5장과 로마서 7장)에 대해 다루면서 바오로가 쓴 표현들을, 마니교도들은 육체의 성적 충동들이 악의 근원에 속한다고 하는 그들의 믿음을 표현하는 헌장으로 받아들였다. 이에 대해 밀라노의 신플라톤주의자들은 약간 덜 비관적인 견해를 가지고 있었다. 아우구스티누스는 플라톤에서 그리스도에 이르는 거리가 한 발짝도 되지 않는다고 확신하게 되었다. 그가 보기에 교회의 가르침이란 사실상 '대중을 위한 플라톤 철학'이었다. 그리스도교는 철학적 사고를 할 수 없는 사람들이 적어도 행동만큼은 이성적으로 할 수 있게끔 그림이나 비유로 플라톤 철학을 가르치는 것과 다르지 않았다. 플라톤주의 전통 안에 있는 몇몇 요소들에 대해서 품고 있던 의구심들이 구체적이고 명확하게 밝혀지고 나서 오랜 시간이 지난 뒤, 인생의 마지막 순간에 이른 아우구스티누스는 신플라톤주의 서적들에 빚진 바를 인정하고 멋지게 답례한다. 이미 오랜 기간 반달족에게 포위되어 있던 히포에서 그가 숨을 거두며 마지막으로 한 말은 플로티노스를 인용한 것이었다.

신플라톤주의의 영성과 더불어, 소란한 외부 세계로부터 해방과 내면에 대한 강조를 통해 아우구스티누스는 자기 존재가 서로 다른 두 방향으로 이끌리고 있음을 더욱 날카롭게 느낄 수 있었다. 성적 충동은 여전히 그를 타락의 길로 잡아끌고 있었다. 바오로 서간들을 읽으며 그는 자신이 처한 상황을 사도 바오로가 완전히 이해하고 있었다는 생각이 들었다. 그는 자기 자신이 내적 갈등의 소용돌이 속에 완전히 빠져 있다는 것을 알았다. 어느 날 밀라노의 거리를 걷다 술에 취해 행복하게 웃고 있는 거지와 마주쳤을 때 아우구스티누스는 자신이 처한 비참한 상황을 더 강하게 인식하게 되었다(C vi. 9). 거지를 바라보며 느꼈던 감정이 동정 아닌 질투였음을 깨달았던 것이다. 이 수사학 교수는 바오로 서간의 필사본이 자신에게 점점 더 중요해지고 있음을 깨달았다.

밀라노에서 아우구스티누스는 어머니 모니카와 제자 알리피우스Alypius(능력 있는 법률가로 386년 당시에는 여전히 마

2. 〈성 아우구스티누스의 성 히에로니무스에 대한 환시〉(비토레 카르파초Vittore Carpaccio, 스쿠올라 디 산 조르조 델리 스키아보니Scuola di San Giorgio degli Schiavoni, 베네치아)

니교의 허물을 벗는 중이었으나, 이후 타가스테의 주교가 된다)와 함께 머물고 있었다. 386년의 7월이 끝나가던 무렵, 집 정원에 앉아 있던 그는 마침내 결단의 시점에 이르렀다. 그때 그는 천식 때문에 가슴이 답답하고 목소리가 나오지 않을 만큼 건강이 나빠진 상태였다. 이것이 그저 막연한 불안감을 드러내는 증상이었는지 또는 결단에 이르는 데 크게 공헌한 원인이었는지를 분간하기는 어렵다. 그는 교수직을 포기하기로 결심했을 뿐만 아니라, 더불어 세속적 출세를 향한 야망을 모두 버렸다. 결혼하려던 마음까지도 접었다. 여자 없이도 그가 살아갈 수 있을까? 법원에서 일하고 있던 아프리카 출신의 친구에게서 그는 밀라노에 금욕주의자들의 공동체가 있다는 사실과 이집트의 은자隱者였던 안토니우스Antonius가 전 재산을 포기했다는 일화도 듣게 되었다. 알렉산드리아의 주교 아타나시우스Athanasius가 이미 안토니우스의 전기를 썼고 곧바로 서방 독자들을 위한 라틴어 번역본도 나왔다. 그들이 모두 극기의 삶을 살 수 있었다면, 아우구스티누스 또한 그럴 수 있을 것이다. 그렇지 않다면, 그의 의지가 너무도 약한 것 아니겠는가?

　14년 뒤에 쓴 『고백록』 8권에 따르면, 아우구스티누스는 바오로 서간의 필사본을 집어들고는 마음 가는 대로 아무 곳이나 펼쳐보았다. 당시 사람들이 미래에 대한 길잡이를 얻고자 베르길리우스의 책을 펼쳐보던 식으로 바오로 서간을 펼쳐서 처음 나온 본문을 조언으로 삼고자 한 것이다. 이때 나온 부분이 바로 로마서 13장의 결론 부분으로, '그리스도를 입도록' 부름 받는 소명과 성적 문란을 대조하는 대목이었다. 그는 시인 페르시우스Persius의 어조를 모방하고 플로티노스에게서 인상적인 구절을 끌어와 멋들어진 문학적 언어로 자신의 결단을 표현하면서 에덴동산의 타락한 아담이라는 상징적 암시를 담았다. 그는 어떻게 해서 '집어들고 읽어라'라고 말하는 듯한 어린아이의 목소리를 듣게 되었는지를 자세히 기술해놓았다. 이 이야기가 사실대로 쓴 것인지 문학적이고 수사학적인 장식일 뿐인지는 논쟁의 대상이 되었다. 문학적 요소가 섞여 있다는 것은 확실하다. 386년 7월 말, 밀라노에서 그가 결혼과 세속적 야망을 포기하고 세례를 받기로 결심한 것 또한 확실한 사실이다. 그는 그 도시의 교수직에서 물러났다.

　그의 회심은 갑작스러운 섬광이 아니라 수개월에 걸쳐 고통스러운 잉태의 시간을 지나 이르게 된 정점이었다. 그 자신이 회심의 경로를 임신 과정에 비유했다. 내용으로 보자면 그의 회심은 지적이라기보다는 도덕적인 변화였다.『고백록』의 기록에 따르면, 386년 이미 그는 성적 열망이야말로 그의 영혼이 영원한 비물질적 진리와 결합하는 데 유일한 장애물이 되고 있다는 사실을 인식하고 있었다. 이전에 플로티노스와 포르피리오스에게 배웠던 것을, 그는 이제 바오로 서간의 도움으로 실천할 수 있게 되었다. 이로부터 15년 뒤에 아우구스티누스는 현세에서도 인간의 정신이 물질세계에서 스스로 이탈해 '불변하는 진리의 맑은 빛'을 움켜쥘 수 있다고 믿는 일부 사람들의 '망상'에 대해 쓰게 된다(CE iv. 20). 그러함에도 이 당시의 아우구스티누스는 '폭풍이 지나간 뒤 항구에 이르게 된' 느낌을 받았다. 그가 회심해 세례받기를 빌던 어머니 모니카의 기도는 응답을 받았다. 아들을 위해 수없이 흘린 눈물이 결코 헛되지 않았다.

몇 개월 뒤에 아우구스티누스는, 여전히 그의 오랜 욕망이 새로운 꿈들을 계속 방해하고 있긴 하지만, 상황이 나아지기 시작했다고 확언했다. 그는 이제 성적 결합이란 혐오감이 따르는 '달고도 쓴' 것이라 여기게 되었기 때문이다(Sol. i. 25). 그가 금욕 생활을 동경하기는 했지만 그렇다고 은자가 되기를 원한 것은 아니었다. 그가 원한 것은 평신도 친구들로 이루어진 공동체였다. 그는 플라톤과 바오로를 향한 그의 열의에 키케로(특히 『투스쿨룸 대화Tusculanae Disputationes』)를 일정 부분 가미하여 그들과 함께 나누기를 바랐다. 밀라노의 집 정원에서 결단을 내린 뒤로 8개월이 지난 387년 부활절에 아우구스티누스는 아들 아데오다투스와 법률가 친구 알

3. 〈성 아우구스티누스의 생애: 성 아우구스티누스의 세례〉(베노초 고촐리Benozzo Gozzoli, 프레스코, 이탈리아 산 지미냐노의 산 아고스티노 성당, 1654년)

리피우스와 함께 주교 암브로시우스에게 세례를 받았다. 그
8개월 동안 그와 어머니 모니카는 친구 및 제자들과 함께 코
모Como 근처 언덕 위에 있는 카시키아쿰Cassiciacum의 별장을
빌려서 지내고 있었다. 그곳에서 그는 건강을 회복했으며 자
신의 입장에 대해 숙고해보았다.

　그의 여러 저술을 볼 때 그의 회심이 다만 철학적 회의주
의에서 오는 고통스러운 불확실함에서 도망쳐 교회의 교의
적 권위 아래 피난처를 찾으려는 동기에서 비롯한 것 같지
는 않다. 그가 느낀 비참함과 불만족은 그 자신에게서 비롯
한 것이었다. 그럼에도 가톨릭 신자들과 마니교 신자들 사이
의 논쟁에서는 권위의 문제가 두드러졌으며, 아우구스티누
스는 자신이 그리스도와 그리스도의 공동체에 복종하고 있
음을 인정했다. 그는 자기 스스로 결단했다고 천명하는 것을
자만이라고 여기게 되었다(C x.58). 386년의 가을 이후 그가
쓴 저술들에는 성경과 그리스도교의 교의에 관한 암시가 자
주 드러난다. 카시키아쿰에서 그는 권위와 이성이 진리에 이
르는 두 개의 평행선이라고 썼는데, 여기서 권위는 그리스도
이며 이성은 플라톤으로 대변된다. 권위는 방향을 제시하고
이성은 그 방향을 따라가며 이해할 수 있다. 권위는 시간적
으로 이성에 앞서며, 이성은 현실의 질서 안에서 권위에 앞
선다. 교육을 잘 받은 이들은 이성의 철학적 경로를 선호한

다. 그러나 철학적 경로에서조차 이성은 필요한 지침을 모두 제공하기에 충분치 못하다. 이와 달리, 권위에만 의지하는 데는 엄청난 위험이 따른다. 이성이 없다면, 서로 권위를 내세우는 주장들을 가려낼 수 있겠는가? 어떻게 진정으로 하느님에게서 오는 권위와, 점술 따위로 미래를 예측할 수 있다고 말하며 이교도들이 섬기는 열등한 영들의 권위를 구분할 수 있겠는가? 다만 그리스도의 신적 권위만이 최고의 이성에 의해 드러나기 마련이다. 그리스도는 플로티노스가 말한 최고 존재 셋 중 하나인 정신과 동일한 하느님의 지혜 자체다(BV. 34).

마지막으로, 세례를 받고 신앙을 고백함으로써 아우구스티누스가 하느님과 인간에 관한 어떤 특정한 생각들을 받아들인 것인지 물어야 할 것이다. 가장 기본적 뼈대를 이루는 요소들만 축약해보면 그리스도교 신앙을 통해 아우구스티누스가 확실히 인정하도록 초대받은 사항들은 세 가지다.

첫째, 질서 잡힌 세계는 지고선에서 나오고, 이 지고선은 최고의 권능이며, 이는 다만 우연히 있게 된 최선의 존재가 아니라, 우리의 정신으로는 그보다 더 뛰어난 존재에 대해 생각조차 할 수 없이 완벽한 존재다. 그러므로 '그분'은 경외와 예배의 올바른 대상이 된다. 우리는 하느님이 우리 인간들처럼(그리고 마니교의 광명-권능이 그러한 것처럼) 낮은 데서 높은 곳으로 오르고자 애쓰는 과정에 참여하는 존재라고 여겨서는 안 되고, 일반적으로는 우주 전체, 특수하게는 이성적 존재의 창조와 관련해 일관되게 창조적이고 구속적인 목적을 지닌 존재로 생각해야 한다. 가치의 사다리에서 가장 높은 단계에 있는 것은 사랑이며, 사랑은 하느님의 본성이다.

둘째, 인간 본성은 지금 우리가 경험하고 있듯이, 창조주의 의도에 상응하지 못한다. 인간이 처한 비참함은 사회와 개인의 이기주의로 인해 영구적인 것이 되었으며, 그리하여 인간에게는 늘 무지와 죽음과 단명과 의지박약이 붙어 다닌다. 그리고 무엇보다도 인간은 교만하고 고집스럽게 진정한 선을 거부한다. 간단히 말해, 인류에게는 영원한 생명이라는 치유와 죄의 용서가 필요하다. 곧 하느님의 사랑 안에서 회복될 필요가 있다는 것이다.

셋째, 최고의 존재인 하느님은 우리가 살아가는 시간과 역사를 초월하지만, 그 안에서 활동하신다. 하느님은 우리에게 앎과 삶과 힘과 (그중에서도 가장 큰 선물인) 겸손을 주시는데, 이 겸손 없이는 아무것도 배울 수 없다. 하느님의 이러한 활동은 예수 그리스도에서 정점에 이른다. 예수는 자신의 삶과 지혜로운 가르침, 그리고 '아버지'에 대한 아들로서 특별한 관계를 통해 우리 인류에게 모범이 되었다. 예수는 인간이 되어 죽음으로써 하느님이 주시는 사랑의 선물을 체현하였다. 타락한 인간을 구원하시려는 하느님의 사업에 다가가는 길은 신앙을 고양하는 것과 예수를 따르는 이들의 공동체에 참여하는 것이다. 그리스도는 이 공동체에 물과 빵과 포도주로 이루어지는 성사적 계약의 표징들과 복음을 위탁하셨다. 이로써 거룩한 성령이 사람을 하느님께로 일치시키고, 예수의 부활이 궁극적 보증이 되어주는 다가올 삶에 대한 희망을 주며, 각 개인의 도덕적 삶을 하느님의 현존 안에 거하는 성도聖徒의 공동체에 걸맞도록 변화시킨다.

이러한 주제들을 통해, 그리스도교의 가르침이 플라톤의 윤리학과 형이상학에 연결된 강력하게 내세적인 용어들로 아우구스티누스에게 설파됐다. 플로티노스가 일자 또는 절대자에 관해 기술할 때 쓴 비인칭의 부정형否定形 용어들을, 성경에서 하느님을 묘사할 때 쓰는 사랑, 권능, 정의, 용서 등의 개념들과 한데 모아놓게 된 것은 중대 사건이었다. 하느님의 신비가 오직 장대한 자연의 영광 안에서만 드러나는 것이 아니라 개인의 숨김없는 자기 고백에 의해서도 드러난다는 사실은 신론神論에서 매우 중요한 것이다. 이는 다른 이들이 스스로 알 수 없는 것들을 드러내 알게 하는 개인에 대한 유비로 설명될 수 있을 것이다. 387년 이후로 아우구스티누스는 이러한 생각들을 기본 원칙으로 삼았다.

제 2 장

교양

　플라톤주의가 그리스도교로 개종하는 데 상당한 기여를
한 탓이겠지만, 아우구스티누스는 결코 철학과 신학 사이에
분명한 선을 긋지 않았다. 그는 철학적 이성이 신학의 시녀
라거나, 하느님의 도움과 은총 없이도 최고의 목적에 이를
수 있다고 생각하게끔 유혹하는 위험한 창녀라고 생각하지
않았다. 그가 정의하는 철학의 가장 중요한 주제는 '하느님
과 인간 영혼에 대한 탐구'(Sol. i.7)였다―여기서 물질세계는
배제되었다는 것을 눈치챌 수 있을 것이다. 그가 키케로의
용어를 끌어와 쓴 바에 따르면, 사람들을 철학적으로 사고하
도록 이끄는 동기란 그저 행복에 대한 추구일 뿐이다.
　신플라톤주의 존재론, 곧 존재 자체와 사물의 존재 방식

에 관한 가르침은 앞 장에서 쓴 대로, 아우구스티누스의 저술 전체에 스며들어 있다. 다만 그가 세부적으로 수정해놓은 부분들이 있을 따름인데, 이들을 보면 그가 플라톤의 주장들을 받아들일 땐 언제나 그 결론을 그의 신앙으로 정의해놓는다는 인상을 받게 된다. 가톨릭교회의 신경信經과 양립할 수만 있다면 플라톤 철학의 전통을 거부할 이유가 거의 없다고 봤다는 편이 더 맞을 것이다. 당연히 그는 이교도 플라톤주의 철학자들이 다신교, 영원히 돌아가는 세계의 주기, 영혼의 윤회 등을 받아들인 것은 잘못되었다고 여겼다. 환생에 대한 고대의 믿음은 너무나 숙명론적이어서 유일하게 창조의 힘을 지닌 존재라는 하느님에 대한 개념과 병립할 수 없었다. 하느님은 자신이 이성적으로 창조한 세상 만물을 하느님 자신과의 친교라는 참된 목적으로 이끌고자 구속 사업을 벌이는 분이시다.

아우구스티누스가 신플라톤주의에 동의하지 않은 부분들도 있다. 이 부분들은 덜 분명하긴 하지만, 그렇다고 덜 중요하지는 않다. 그는 그리스도교로 개종하면서 성행위를 모두 포기하기는 했지만, 플로티노스가 육체와 물질을 악의 첫째가는 뿌리로 보았던 점에 대해서는 동의하지 않았다. 또한 (플라톤, 『국가론Politeia』 509B를 따른) 플로티노스와 달리, 아우구스티누스는 신이 '존재 너머의' 일자로 기술되어야 한다

고 말하지 않았다. 그는 플라톤주의의 하나와 다수라는 대립
항을 초월적 창조주와 다양하고 많은 피조물 사이의 관계에
관한 설명으로 받아들일 수는 있었다. 그러나 유일한 하느님
이 존재 너머에 있는 것은 절대 아니다. 탈출기 3장 14절에
쓰여 있는 대로 그는 하느님이 참으로 있는 자, 곧 존재 그
자체ipsum esse임을 확신했다(히포에서 부두 노동자들과 농장 일
꾼들의 무리를 대상으로 행했던, 무척 고무된 두 번의 설교에서 이
주목할 만한 주제가 더욱 발전해나갔다. P134 and Jo 38.9).

　창조란 존재에 '참여'하는 것이다. 참여라는 용어는 파생
을 암시한다. 파생된 것의 특성은, 그것이 무엇을 가지고 있
는지와 그것 자체가 무엇인지가 서로 구분된다는 점이다.
피조물에게는 존재한다는 것과 정의롭다거나 지혜롭다는
것이 서로 다른 차원의 일이다. 그러나 신에게는 존재한다
는 것이 곧 정의롭고 선하며 지혜롭다는 것과 하나이며 같
은 것이다. 인간은 정의롭다거나 선하다거나 지혜롭다는 속
성이 없어도 존재할 수 있다. 그러나 신은 그럴 수 없다. 신
은 곧 '신 자신이 가지고 있는 것이다'. 플로티노스는 아리스
토텔레스의 용어들로 이러한 논점을 표현한 바 있다. 신적
'실체substance'(곧 형이상학적 본질metaphysical essence) 안에 우유
accidents는 있을 수 없다. 플로티노스와 아우구스티누스는 열
개의 범주 중 첫번째 범주인 실체만이 신의 존재에 적용될

수 있다고 한 점에서 일치한다(C iv.28).

아우구스티누스는 요한복음서의 머리말(신약성경의 한 부분으로 신플라톤주의 철학자들에게 깊은 인상을 남겼다)이 플라톤적 세계상을 유려하게 기술한 문헌이면서, 밖으로 밀려났던 세계를 더 높은 영역들을 향해 돌려놓고자 어둠 속에 비추시는 하느님의 빛에 대해 기술한 문헌이기도 하다는 것을 깨달았다. 그러나 그리스도교가 거의 플라톤 철학과 같은 진리를 드러낸다는 것을 발견했을 때, 아우구스티누스는 여기에 한 가지 극적인 차이점이 있다는 점 또한 알아차렸다.

'플라톤주의자들의 책들'에선 말씀이 사람이 되었다고 하지 않았다. 특정한 생애 안에 유일한 계시가 드러났다는 개념은 일찍이 마니가 급진적으로 개조해야만 했던 그리스도교의 주제였다. 이교도 플라톤주의자에게는 여기에 담긴 특수성이 신의 불변성뿐 아니라 하나의 완전체인 우주에 보편적으로 작용하는 섭리와도 전혀 병립할 수 없는 것으로 보였다. 플라톤주의자들은 역사 안에서, 역사를 통해 완수되어야 할 신의 목적 따위에 대해서는 생각하지 않았으며, 시간에 대한 그들의 개념 또한 순환적이었지 직선적이지 않았다.

달리 말하자면, 거대한 시간 간격을 두고 천체들은 운항을 계속해 결국 같은 자리로 되돌아오고, 만물 또한 똑같은 우주의 바퀴를 따라 돌면서 새롭게 시작된다. 영속적 결과를 일으킬 실존적 결단에 이르도록 초대하는 단 한 번의 육화 (肉化, incarnation: 신이 인간이 되었음, 곧 그리스도의 강생을 나타내는 말―옮긴이)라는 개념 때문에 아우구스티누스는 플라톤주의에 수정을 가하지 않을 수 없었다. 다른 한편으로 그는 하느님의 보편 섭리라는 관점에서 육화를, 역사의 목적을 향해 내딛는 중대한 한 걸음이자 역사의 의미를 이해할 수 있는 단서로서 해석하는 것이 꼭 필요하다고 느꼈다.

그리스도교로 개종할 당시 아우구스티누스는 거의 33세에 이르렀으며, 이미 문학과 수사학에 능통한 교수로서 자리잡고 있었다. 꿈꾸었던 세속의 경력을 계속해서 쌓아나갔더라도 그는 지금만큼 후대에 이름을 날렸을지 모른다. 아마도 그는 상대적으로 가난한 누미디아 시골 출신의 영특한 젊은이로서, 열심히 일했고 운이 좋아 후원까지 받아 누렸던 출세의 본보기로 기억되었을 것이다. 하지만 이제 그는 이 모두를 버렸고, 그에게 절실한 문제들에 대한 답을 찾아내야 했다. 그가 처음 학문적으로 착수한 일은, 마니교 때문에 그의 관심을 끌 수밖에 없었던 악의 존재와 신의 섭리에 관한 난제들을 탐구하는 것이었다. 또한 중요한 시기에 마음을 빼앗겼던 회의주의 사상가들과도 관계를 청산해야 했다.

카시키아쿰에 있던 수개월 동안 그는 일련의 철학적 대화

편들을 쓰면서, 종종 키케로가 은퇴 후에 투스쿨룸Tusculum
에서 썼던 대화편들을 본보기로 삼기도 했다. 대화 형식의
문학 전통을 끌어와, 자신이 여전히 씨름하고 있거나 생각
이 깊은 지식인들과 토론했던 난제들에 대해 기술할 수 있
었다. 글의 배경은 변증법적 논쟁을 가르침의 도구로 쓰면
서, 문제를 제시하고 해결 방안을 모색하는 강의실이었다.
다루는 주제는 행복의 본질(『행복한 삶De beata vita』), 회의론
적 인식론 비판(『아카데미아학파 반박Contra Academicos』), 개인
적이거나 특수적인 섭리가 우주 전체의 일관된 질서와 인과
관계의 사슬 안에서 가능하다는 주장(『질서론De ordine』) 등이
다. 이러한 주제들의 끝부분에 그는 상위의 진리를 탐구해나
가기 위한 정신 준비 과정으로 일반교양 학과들을 공부하는
데 대한 옹호론을 집어넣었다. 그는 이 학과들이 사다리처
럼 단계적으로 배치되어야 하며, 지리학과 더불어 음악이 들
어가야 한다고 제안했다. 음악은 우주 안에 있는 수학적 질
서를 드러내 알려주는 것이었다. 아우구스티누스는 플로티
노스에게서 이미지를 하나 차용해, 전체를 바라보려 하는 눈
에만 아름답게 보일 뿐 작은 조각 하나에 몰두해서는 전체
의 아름다움을 볼 수 없는 모자이크를 예로 들어 설명했다.
매우 신플라톤주의적으로 쓴 글에서 그는 이렇게 선언했다.
'일자를 이해하려면 복수성에서 물러서야 하는데, 사람들의

복수성뿐만 아니라 우리 감각적 지각들에서 오는 복수성에서도 물러서야 한다. 우리는 마치 일자가 전체를 하나로 붙들어주는 원의 중심이기라도 한 것처럼 일자를 추구해야 한다.'(O i.3)

『독백록Soliloquies』(아우구스티누스 자신이 독백soliloquium이란 단어를 만들었다)을 쓴 것도 카시키아쿰에 있을 때였다. 이 책 또한 대화 형식인데, 여기에서 그는 특히 영혼의 불멸성에 대한 확신을 얻으려 겸손되이 이성의 지시를 따른다. 전형적으로 신플라톤주의화化한 변증법을 통해 아우구스티누스는, 시간과는 관계없이 수학적 진리는 늘 참이므로 이를 알 수 있는 정신 또한 시공간 연속체의 초월성을 공유한다는 확신에 이르렀다. 이러한 견해는 이미 플라톤이 간략하게 드러냈고(『메논Menon』86A), 플로티노스가 상당히 발전시킨 것이었다(iv.7). 『독백록』에서 아우구스티누스는 키케로에게서 차용한 구절들을 잇대어 쓰면서, 신플라톤주의 존재론이 잠재적으로 섞여 있는 성경의 언어를 녹여 넣고 있다. 그 이름을 직접 언급하면서 플라톤과 플로티노스를 참조하고 있으며, 포르피리오스에서 비롯한 주제들도 필시 포함하고 있다. 아우구스티누스는 여기에서 하느님에 대한 직관을 성취하는 데 오직 하나의 길만 있는 것은 아니라고 말한다. 그러나 그러려면 적어도 육체적인 것에서 완전히 벗어나야 한다. 부와 명예를 버려야 할 뿐 아니라 '정숙하고 교양 있는 아내와' 나누는 사랑일지라도 성적인 관계에서 만족감을 얻으려는 시도는 물리쳐야 한다. 또 기하학의 추상작용과 유사한 과정으로 정신을 단련해서 보이지 않는 실재들을 알아차릴 수 있어야 한다. 이로써 여러 다양한 유형의 사각형들을 생각하는 것이 아니라 모든 사각형이 지닌 사각형의 본질을 생각하는 것이다. 그러고 나서야 하느님의 신비한 초월성을 이해하기 시작할 것이며, 정화된 불멸의 영혼은 바로 그 하느님 안에서 자신의 참된 목적을 찾아낼 수 있게 된다. 내적 정화의 길은 바로 신앙을 통한 길이다. 이 마지막 문장만이 포르피리오스를 당황하게 했을 유일한 문장이다.

카시키아쿰에서 저술한 대화편들은 인간의 능력으로 모든 것을 식별할 수는 없다는 소심함에, 하느님의 섭리가 존재한다는 자신감을 결합하고 있다. 하느님의 섭리를 신뢰한다는 것은 지성으로 풀 수 있는 난제를 넘어선 것으로 보인다. '잘 살고, 잘 기도하고, 잘 공부하는 사람에게는 예지가 주어질 것이다.'(O ii. 51) 그러나 여기서 암시되는 것은 경험 세계의 모든 다양성과 긴장 속에서도 궁극적 조화가 있을 수 있다는 점이다. 빛과 어둠이 교차하는 그림에서처럼, 대립하고 대조되는 것들에서도 아름다움을 찾을 수 있다. 그러므로 저마다 다른 방법으로 탐구되는 인간 지식의 다양한 주제들 너머에도 단일한 진리가 존재할 것이다.

일반교양 공부를 중요하게 여긴 아우구스티누스가 세례받은 뒤에 고대 교육과정의 기초 주제들에 관한 일련의 소개서를 쓰기 시작한 것은 자연스러운 일이었다. 이때 쓴 책들 중에 논리학에 관한 것과 음악에 관한 것만이 훼손되지 않은 채 현재까지 전해오고 있다. 그가 쓴 문법책 필사본 한 부를 6세기의 카시오도루스Cassiodorus가 가지고 있었는데, 너무나 유용한 것으로 알려져 누군가 서재에서 훔쳐갔다고 한다. 아우구스티누스를 저자명으로 달고 있는 중세의 문법책 필사본 두 권이 전해오는데, 그중 하나(『학예Ars breviata』라는 제목으로 알려진)가 바로 이 '잃어버린' 책일 가능성이 매우 크다. 결론은 확실하다. 그리스도교로 개종해 세례받았다고 해서 그가 전부터 가지고 있던 교육관이나 인문주의적 본성이 파괴되지는 않았다. 신플라톤주의의 영향으로 그는 일반교양 과목들(특히 변증, 기하, 음악)을 매우 바람직한 정신 훈련으로 보았다. 이 과목들을 통해 더 높은 차원의 형이상학적 탐구를 준비하는 추상적 사고가 단련된다는 것이다.

말년에 아우구스티누스는 일생 동안 자신이 한 일들을 양심적으로 비판하며 '개정' 또는 '재의再議'라고도 부를 수 있는 『재고록Retractationes』(이 제목을 '철회retractions'라고 번역해서는 안 된다. 자신의 경솔한 생각들을 철회하는 것만큼이나 긍정적으로 방어하는 내용도 많기 때문이다)을 썼다. 이 책에서 그는 자신이 젊었을 때 일반교양 과목들의 가치와 중요성을 과대 평가한 경향이 있었던 것 같다고 썼다. '거룩한 이들 가운데 이것들을 전혀 공부하지 않은 사람들이 많으며, 이것들을 공부한 사람들 가운데 거룩하지 못한 이들도 많다.'(R i.32)

교육에 대한 아우구스티누스의 관심은 그의 사상이 무르익음에 따라 다른 방식으로 표현되었다. 특별히, 그의 가장 영향력 있는 책들 중 하나로 15세기에 가장 먼저 인쇄됐던 『그리스도교 교양De doctrina Christiana』에서 이 점이 두드러진다. 아우구스티누스는 말년에 이르러 이 책을 개정·보완했는데, 그가 살아 있을 때 만들어진 초판 필사본이 아직까지도 페테르부르크에 보존돼 있다. 이 책은 성경을 올바르고 설득력 있게 해석하는 데 필요한 기술들을 검토하고 있다. 아우구스티누스는 종파분리주의 신학자인 티코니우스 Tyconius가 쓴 『규칙서Liber Regularum』를 이용해, 성경을 주해하면서 무엇을 문자 그대로 이해해야 하는지, 무엇을 알레고리로 파악해야 하는지, 또 그 알레고리에 감춰진 의미는 무엇인지를 결정해야 할 때 주관성을 배제할 수 있도록 공식규범들을 만들고자 했다. 참으로 성경은 하느님의 지혜를 드러낸다. 그러나 인간의 학문 또한 하느님의 지혜를 발견하고 설명하는 일과 전혀 무관하지 않았다. 여러 사람이 성경을 해석하면서 자신의 개인적 영감을 확신한 나머지 크고 위험한 오류들을 범했다. 아우구스티누스의 기록에 따르면 놀랍게도 아프리카에 살고 있던 동시대 그리스도교 신자들 가운데에는 성경 말고는 다른 어떤 책도 읽지 않는 이들이 있었으며, 또 번역이 이상한─이를테면 퀘이커 성경책과 같은─구舊라틴어본 성경만으로 대화하는 이들도 있었다. 그는 더욱 폭넓은 연구가 반드시 필요하다는 점을 확신했다. 성경을 연구하는 학자라면 역사와 지리, 자연과학과 수학, 논리학과 수사학(명확하고 적절하게 쓰고 말하는 법)을 어느 정도 알 필요가 있었다. 기술에 대한 약간의 지식이 성경 해석에 도움이 되는 영역들 또한 있을 수 있었다. 물론 그리스어에 대한 지식은 여러 번역본과 다양한 독해 방식들을 점검하는 데 가장 중요했다.

아우구스티누스는 고대 히브리어를 전혀 배우지 않았다. 다만 농부들이 쓰던 포에니어 어휘들을 이해할 수 있었고, 그 언어가 히브리어와 같은 셈족의 언어라는 것을 알고 있었을 따름이다. 그가 굳이 히브리어를 배우지 않아도 되었던 까닭은 부분적으로 그와 서신 교환을 통해 친구가 된 조금 높은 연배의 히에로니무스Hieronymus가 히브리어에 통달해 있었기 때문이며, 또 구약성경의 그리스어 번역본인 칠십인역 성경이 히브리어 원본만큼이나 하느님의 감도感導를 받아

작성된 것이라고 확신했기 때문이기도 하다. 히에로니무스의 새로운 라틴어본 성경(불가타Vulgata 성경)을 본 아우구스티누스는 마음이 편치 않았다. 그에게 오랫동안 익숙했던 어휘들을 필요 없이 바꿔놓았다는 생각이 들어서였다. 전례 통상문에 변화가 생길 때마다 평신도들이 언짢아하는 일과 마찬가지다.

『그리스도교 교양』을 따라가다보면 아우구스티누스가 성경을 대할 때 특별한 경의를 지니고 있었다는 것을 알 수 있다. 그는 오로지 성경만이 신적 계시의 매개라는 주장을 명백하게 거부했다(S 12.4). 그러나 성경은 무지하고 타락한 인류를 위해 하느님이 주신 구원의 길을 믿는 그리스도교 신앙에서 핵심이 되는 권위의 원칙을 대표했다. 성경과 교회의 권위는 서로 지지함으로써 유지되었다. 정경(正經, canon)의 경계들은 교회에서의 쓰임에 따라 결정됐고, 하느님이 설립하신 보편 교회의 본질은 성경 본문을 통해 확립되었다.

마니교에서 쏟아내는 비판에 반론을 펼치면서 아우구스티누스는 성경의 내적인 영적 의미를 주장하는데, 특히 구약성경에 관해 그러했다. '신약성경의 의미는 구약성경 안에 숨겨져 있으며, 구약성경의 의미는 신약성경을 통해 드러난다.'(CR iv. 8) 그러므로 그리스도가 오심으로써 구약시대 예언자들의 열망이 이뤄지고 완성됐다. 마니교 때문에 아우구스티누스는 교회에서 정경으로 받아들이는 책들과 위경(僞經, apocrypha)으로 여기는 여러 복음서들과 사도행전들을 기록한 책들을 나누는 경계선에 대해 상당히 의식하게 되었다. 마니교에서는 이들 위경에 호소해 자신들의 주장을 뒷받침하곤 했는데, 특히 이런 위경들은 믿는 이에게 결혼이란 의문의 여지가 없는 것이란 견해를 퍼뜨리려 쓰인 것이기 때문이었다. 신약성경의 본문들이 전승 과정에서 훼손됐다는 마니교의 주장 때문에 오히려 아우구스티누스는 여러 필사본들 사이에 존재하는 다양한 형태의 독해 방식이나 구(舊) 라틴어본 성경의 오류들이 지니고 있는 중요성을 인지하게 되었다. 그는 성경 본문에 원저자가 당시에 의도한 한 가지 의미만 담겨 있다고 생각하지 않았다. 성경 저자들은 상징과 비유를 자주 썼다. 단 하나의 축자적이고 역사적인 의미만을 고집한다면 그 안에 깔린 메시지를 파악할 수 없게 되고 만다.

몇몇 지점에서 아우구스티누스는 성경의 명료함과 명징함에 대해 자신 있게 쓸 수 있었다. 그러나 다른 많은 지점들에서, 성경 본문 중 많은 부분이 모호하며, 구원에 이르는 데 필요한 모든 것이 어느 독자에게나 명확하게 드러나지는 않는다는 것을 인정해야 했다. 많은 이단들이 성경을 잘못 해석하거나 편파적으로 해석함으로써 생겨난다는 것을 관찰

하면서 이러한 그의 생각은 더욱 굳어졌다. 이단들은 영리하고 자부심이 강해서 자신들의 오류를 바로잡으려 하지 않는다. 그러므로 '오류를 범했다면 교정을 받아들이려는 원의願意를 표하는 것이 가톨릭교회 신자가 지녀야 할 마음가짐이다'(DEP ii.5).

제 3 장

자유 선택

387년은 아우구스티누스의 어머니 모니카에게 삶의 마지막 해가 되었다. 그해 여름, 어머니와 함께 로마에서 살고 있던 아우구스티누스는 내용이 많고 복잡해 육칠 년 뒤에야 완성하게 되는 『자유의지론De libero arbitrio』을 쓰기 시작했다. 마니교의 이원론과 결정론을 비판하면서 아우구스티누스는 인간의 자유의지를 강조하게 되었다. 정의, 분별, 절제와 용기 같은 주요 기본 덕행에 소구함으로써 그가 설명하고자 했던 것은 자유의지가 모든 윤리 행위의 중심을 차지하고 있다는 것이다. 덕행은 올바르고 이성적인 선택에 따라 이루어지며, 따라서 행복은 선한 의지를 사랑하는 데 있다. 이와 반대로 불행은 악한 의지의 산물이다. 악은 영원한 진,

선, 미를 무시한 채 자유 선택을 남용한 데서 비롯한다.

아우구스티누스가 플로티노스처럼 악의 뿌리를 육체와 물질에 두기보다는 영혼의 불안정성에 두고자 했다는 점은 앞서 살펴보았다(CD xiv. 3). 아우구스티누스에게는 영혼의 연약함 자체가 죄에 대해 필연적으로 충분조건이 되지는 않더라도 즉각적인 원인이 된다. 그러나 그는 영혼이 무無에서 창조되었다는 바로 그 사실 속에 영혼의 불안정성이 내재해 있다고 보았다. 영혼은 무에서 창조되었으므로 '우연한 존재'이며 정도에서 벗어나기 쉽다는 것이다. 영혼이 지닌 불멸성조차도 원래부터 그에 내재한 본질에서 비롯한 것이 아니라 창조주의 의지에 따라 선물로 주어진 것이다.

무無로부터의 창조라는 개념을 통해 아우구스티누스는 그렇게 창조된 모든 피조물 안에 비非존재non-being의 요소가 들어 있으며, 실제로 그 궁극적 단계에는 절대 이르지 못하더라도 '비非실존non-existence을 향하는 경향'이 있다고 생각하게 되었다. 이렇게 말함으로써 그는 성경에서 말하는 영혼의 피조물성과 의존성을, 플라톤이 주장하는 영혼의 불멸성과 함께 유지하고자 했다. 그의 초기 논문에 해당하는 『영혼의 불멸성De immortalitate animae』(많은 부분이 포르피리오스의 사상을 그대로 반영하고 있다)에서 그는 육체의 물질조차 죽음의 순간에 소멸하는 것이 아니라면, 죄 많은 영혼 또한 그와 같이 신의 이미지와 형상을 영원히 간직한다고 썼다. 이후 장년기에 이르러 그는 '타락한 영혼조차 하느님의 이미지대로 남아 있'으며(T xiv.4) '하느님을 알 수 있는 능력이 있다capax Dei'(xiv. 11)고 쓴다. '종교를 갖고 있지 않은 사람들조차' 자기들이 더 나을 게 없다는 사실은 무시한 채 다른 사람들의 행위에 대해 단정적으로 도덕적 판단을 내리는 것을 보면 그들 또한 은연중에 영원이란 것에 대해 생각하는 것이다 (xiv. 21). 그러므로 가장 좋지 않은 경우에서조차 영혼은 창조 활동을 통해 하느님이 인간에게 부여하셨다는 '하느님의 이미지', 곧 이성과 자유의 표지들을 간직한다. 그와 동시에, 무無에서 창조됐기 때문에 영혼은 변하기 쉬우며, 타락의 잠재성 또한 창조에 의해 부여받았다. 하지만 그렇더라도, 현실 속에서 선善을 저버리기로 하는 의지의 선택은 원인이 없으며 설명도 불가능하다.

여기서 발생하는 딜레마로 아우구스티누스는 오랫동안 괴로워했다. 다른 천사들은 타락하지 않았는데 왜 어떤 천사들은 타락해야 했던가? 장년기에 이른 그에게는 자의적 우연이나 원인 없음에 대해 말하는 것이 적절하지 않게 느껴졌다. 이 난제의 답을 찾고자 그는 예정설(豫定說, predestination)로 방향을 틀었다.

아우구스티누스는 악이란 물질에서 비롯된다는 플로티노

스의 견해에 동의하지 않았지만, 영혼이 잘못 선택함으로써 빚어지는 가장 주된 결과가 육체에 강박적으로 집착하게 되는 것이라는 의견에는 동의했다. 물질 그 자체는 도덕적으로 중립이다. 그러나 무에서 창조됐다는 사실만으로, 곧 그 자체로 형상을 지니지 않기 때문에 물질은 형이상학적으로 본래부터 열등하다. 그렇더라도, 실제 전쟁이 벌어지는 곳은 영혼이다. 인류가 창조주에게 부여받은 '본성'은 선하다. 타락 이전의 아담과 육화한 그리스도는 인류가 이제는 이를 수 없게 된 '순수한 본성'을 지니고 있다. 연약한 자유 선택이 변질된 결과, 인간의 성품에 족쇄를 채우고 '손상된' 또 하나의 본성이 되고 마는 일련의 습관들이 형성된다.

도덕적 결정을 내려본 경험을 돌아보면 우리 스스로 무엇이 옳은지 알지 못할 뿐 아니라, 안다고 할 때조차도 실행에 옮길 때는 어려움이 많다는 것을 알 수 있다. 아우구스티누스는 망설였다. 하느님은 자신의 피조물들이 점차 성숙해 문제들을 극복하고 자력으로 설 수 있도록 가르치고자 이러한 '무지와 장해'를 의도하신 것일까? 그것이 아니라면, 인간의 도덕적 분투는 태초에 아담과 이브가 불복종하면서 빚어진 인류의 타락상에 대한 영원한 형벌인 것일까?

자유 선택에 관한 논고에서 논의를 전개하는 데 이 문제가 상대적으로 중요하지 않았으므로, 아우구스티누스는 유

보적인 입장을 유지하고 있을 여유가 있긴 했다. 이후에는
그것이 형벌이라는 관점으로 좀더 기울게 되지만, 초기 작품
에서 그의 의도는 인간 삶에서 벌어지는 악한 일들을 볼 때
이 세상이 최고선과 무소불위의 권능에서 창조된 결과가 아
니라는 마니교의 주장을 반박하는 것뿐이었다. 물론 그 자
신도 많은 의문을 미해결 상태로 남겨두고 있음을 인지하고
있었다.

　이후에 자유 선택에 대한 아우구스티누스의 논고를 두고
펠라기우스Pelagius를 따르는 비평가들 사이에서 빗발치듯 비
난이 쏟아졌다. 이 비평가들은 후기의 아우구스티누스가 자
유라는 주제를 제대로 다루지 못했으며 이로 인해 도덕적
가치를 덕행의 실천에서 끌어오게 되었다고 주장했다. 그들
은 논고의 저자인 아우구스티누스조차 논박하지 못한 자유
의지의 논거들이 담겨 있는 책으로 이 논고를 즐겨 인용했
다. 아우구스티누스는 젊은 아우구스티누스를 나이든 아우
구스티누스와 떼어놓고 이야기하려는 시도가 기초부터 잘
못된 것이라는 이유를 들어 대응할 수 있었을 것이다. 자신
이 쓴 문장 중에 더 정확한 단어들로 기술할 수도 있었을 몇
몇 문장도 있다는 점을 그는 인정했다. 그가 느끼기에 그 책
은 은총보다는 죄를 더 잘 다루었다. 그 논고의 논지는 아담
의 죄와 형벌이 후손에게까지 전해진다는 것, 죄지은 인간이

의지적 노력으로 자기 자신을 의지의 노력으로 구원할 수 없다는 것, 그리고 타락의 가장 악마적인 특징들을 이루는 오만과 시기를 이겨내려면 구세주의 겸손이 필요하다는 것이었다.

자유 선택에 관한 논고는 세 부분으로 이루어져 있는데, 이중 두번째 부분에 아우구스티누스가 신의 실존을 인정하기 위해 쓴 글 중에서도 가장 유력하며 많은 지지를 받는 글이 들어 있다. 이 문제를 인식론의 중심 논제로 다루고 있다는 것이 특징적이다. 그는 감각계에 있는 사물의 존재를 증명해 보이는 방식으로 신의 실존을 증명하려 하지 않았다. 그의 주장은, 정신이 육체의 오감을 통해 인지하는 사물들이 전체 사물들의 총합에 포함되는 방식으로 신 또한 그 총합에 포함된다는 것이 아니다. 시간과 공간 안에서는 궁극적 행복이나 완벽을 발견할 수 없으므로, 그는 신이 시공간을 초월해 존재한다고 이해했다. 마찬가지로 신은 보편자들에 대한 모든 생각과 정신들 사이의 소통에 반드시 전제되는 것이다. 수학과 미학과 윤리학에서 이루어진 논증은 감각을 넘어서는 현실 영역이 있음을 당연히 여긴다(물리적 사물들은 감각으로 지각될 수 있지만 물리 이론은 그럴 수 없다. 그러나 물리 이론은 감각-사물들의 영역에서 가져온 언어로 표현되어야 한다. 물리학의 기본 원칙들이 참임을 부정하는 사람은 이상하다고 생각될 것이다. 이러한 기본 원칙들을 표현하는 언어가 대체로 유비적이라는 점은 전혀 심각한 장애가 되지 않는다).

따라서 우리가 자연의 고귀한 사물들을 가지고 경이로운 자연의 질서에 의문을 제기할 때, 그 사물들은 이성의 귀에 대고 '우리를 만드신 손은 신의 손이다'(C ix. 25, xi. 6, 플로티노스 iii. 2. 3, 20 인용)라고 선언한다. 그러나 세계의 질서, 설계, 아름다움, 그 변화와 변동, 그리고 세계의 실존이 모두 '필연적'이지 않다는 사실마저도 그의 논증에서는 그저 종속적이고 부연적인 생각들에 지나지 않게 된다. 문제의 핵심은 신이 단순히 우연히 존재하게 된 누군가이거나 무엇이 아니라는 아우구스티누스의 확신에서 드러난다. 신은 존재 그 자체이며, 모든 유한한 존재들의 근원이다. 훌륭한 플라톤주의자로서 그는 도덕 원칙들, 정의, 지혜, 진리가 실재하는 현실이 이를 보장한다고 생각한다. 이것들은 가치의 사다리 꼭대기에 있다. 아무도 보았거나, 만졌거나, 맛보았거나, 냄새 맡았거나, 들은 적 없지만 실재하는 것들이다.

그렇다고 해서, 아우구스티누스가 감각의 중요성을 폄하하려던 것은 아니다. 감각의 범위 안에 들어오는 모든 사물에 대해 감각은 가장 기초적인 증거를 제공한다. 맛, 색, 촉감, 크기, 모양 등등에 대한 물음에 우리는 그에 해당하는 감각을 통해 결정을 내린다. 그러나 감각기관을 통해 지각된 것은 낮은 형태의 이해에 속한다. 물속에 있는 노가 휘어 보이는 것처럼, 감각은 속기 쉽다고 했던 회의주의 철학자들의 경고는 옳다. 감각기관으로 얻은 정보는 지각하고 인지하는 정신을 거쳐 검토되고 판단되어야 한다.

아우구스티누스는 플로티노스가 플라톤의 『필레보스 Philebos』에서 가져온 한 가지 공식을 발견하고 좋아했다. 육체가 감각을 받아들일 때 영혼이 그 사실을 '의식하지 못하는 것은 아니다'라는 공식이다. 영혼의 우월성은 명백하다. 그러나 영속적으로 변화 변동하는 오감의 영역과 세월이 흘러도 변함없는 수학과 보편자들의 진리 사이에는 깊은 구렁이 놓여 있다.

아우구스티누스의 손을 통해, 신의 실존에 대한 논증은 영원불변하는 진리로서 보편자들이 실재한다는 플라톤주의자들의 논증과 합쳐진다. 이 보편자들은 수학일 수도 있고, 진리나 정의와 같은 초월적 가치들일 수도 있는데, 정신은 이들에 비춰 특정 행동이 올바른지, 혹은 특정 명제가 참인지를 판단하는 것이다. 그에게 가장 중요한 것은 변화 가능하고, 좀처럼 한 상태에 오래 머물지 못하는 인간의 정신을 넘어서 그 위에 존재하는 현실 영역이 있다는 것이다. 여기서 우리는 『고백록』 7권에 묘사되어 있는 신비체험으로 얻은 그의 확신이 남긴 자국을 다시 보게 된다. 이 체험을 통해 그는 존재 자체인 신의 영원불변함에 대비되는 자신의 무상함을 대면했다.

이렇게 해서 그는 변함없고 영원하며 필연적인 존재에서 자신의 추론이 지향해야 할 목표를 보았다. 당연히 그는 그 목표가 신앙을 통해 주어졌음을 잘 알고 있었다. 진리를 어디서 어떻게 찾을 수 있겠다는 확신 없이는 누구도 진리를 찾아 나설 수 없다. 시간상 믿음은 언제나 이해에 앞선다. 그러나 이해는 논증과 철학적 추론의 문제로 남는다. 그는 (구舊라틴어본 성경의 아사야서에서) '이해하려거든 믿으라'라는 말을 인용하길 좋아했다. 그러나 아우구스티누스가 생각한 신앙과 이성의 관계가 중세 스콜라 철학자들이 생각한 것과 같지는 않았다.

그가 이해를 통해 해석하려 했던 신앙의 명제들은 계시에 관한 문제가 아니라, 중세 신학자들이 '자연신학'이라 부르는 것의 문제, 곧 특정한 계시에 근거한 주장을 받아들이지 않고 철학적 논증만을 통해 성립되는 문제였다. 자유 선택에 관한 논고에서 아우구스티누스는 신에 대한 믿음, 불멸성, 자유, 도덕적 책임을 받아들이는 것이 합리적이라는 사실을 논증하고자 한다. 이들은 플라톤주의 철학자들이 성경의 도움을 받지 않고도 알고서 공유하고 있었던 믿음이었다.

영혼의 불멸성에 관한 논증을 신플라톤주의화하는 내용

의 에세이로서 다소 모호한 『영혼의 불멸성』(아우구스티누스 자신이 이후에 다시 읽어보고 높게 평가하지 않았던 작품)을 포함해, 아우구스티누스가 30대에 쓴 논고들은 불멸성에 관한 의문을 많이 언급하고 있다. 죽음이 그의 뇌리에 자주 떠올랐으며, 특히 친구들이나 젊은이들이 질병으로 죽게 될 때면 더욱 그러했다. 그는 인간의 삶이 죽음을 향한 경주競走라고 했다(CD 13. 10). 그리고 '사람은 또 하루를 살아냈다는 만족이 아니라 자신에게 주어진 시간의 또 하루가 영원히 지나가버렸다는 회한으로 매일을 시작해야 한다'고 말했다. 결국, 죽음이 끝이 아니라고 하는 그의 확신은 플라톤적인 논증이 아니라 부활하신 그리스도에 대한 믿음에 근거한 것이었다(T xiii. 12).

제 4 장

철학 공동체

388년 늦가을 무렵에 오스티아에서 어머니 모니카를 위한 위령미사를 드린 후, 아우구스티누스는 이미 자신이 태어난 아프리카로 돌아와 있었다(이후에 다시는 그곳을 떠나지 않았다). 그리고 알리피우스 및 다른 친구들과 함께 세상에서 물러나 금욕적인 생활을 실험해보고자 고향인 타가스테에 자리를 잡았다. 이 평신도 공동체는 날마다 규칙적으로 모여서 기도하고 시편을 낭송했다(아우구스티누스의 영성에서 시편이 지닌 중요성은 아무리 강조해도 지나치지 않다. 시편에서 인용한 구절들이 『고백록』의 구성에 핵심을 이룬다는 사실이 입증되었다). 기도 시간 사이사이에는 키케로, 바오로, 신플라톤주의의 주제들에 대해 논했다.

이 공동체는 영성 면에서 정적靜寂주의적이고 관상적이었으나, 다소 현학적이기도 했다. 아우구스티누스는 인정받은 지도자로서 토론에서 제기된 질문들에 답해주었다. 그의 답변은 기록되어 널리 퍼졌으며, 이후에 다시 수집돼 『83개의 질문들에 관하여De Diversis Quaestionibus LXXXIII』라는 훌륭한 책으로 엮였다. 이중 46번째 질문과 답변은 플라톤의 이데아 이론에 대해 중요한 진술을 담고 있는데, 보편자들이란 '신의 정신 안에 있는 생각들'이라 주장함으로써 성경의 유일신론을 옹호했다. 타가스테 공동체는 수도원이라고 불리지 않았다. '형제들의 모임'이라고 불린 대로, 그 구성원들은 재산을 공유했으며 간소하고 단순하게 살긴 했으나, 공식적으로 어떤 서약을 하거나 같은 옷을 입고, 정해진 규칙을 따르며, 순명을 요구하지는 않았다. 그들은 후대에 설립된 대부분의 수도원들에 비해 훨씬 더 지적인 모임을 이루었다. 하지만 실제로는 이것이 라틴어권 아프리카 최초의 수도 공동체였던 셈이다.

이 평신도 공동체에서 아우구스티누스는 2년 반 동안 살았다. 그의 저술 활동에서 풍성한 열매가 열린 시기였다. 교양과목들에 관한 가르침에서 본격적인 신학 논의로 점차 이행하는 과정이 『음악론De Musica』이라는 여섯 권짜리 책에 특징적으로 잘 드러나 있다. 여섯 권 중 다섯 권은 박자와 리

듬에 관한 기술적 논의를 다루었다. 이후에 아우구스티누스
는 음정에 관한 이론적 측면들을 논하면서 연구를 이어가고
자 했으나 그렇게 하지 못했고, 결국 이 분야는 120년 뒤에
보이티우스Boethius의 몫으로 남겨졌다(고대사회에서는 실용
적인 음악을 만드는 일을 지식인이나 귀족들이 할 만한 일로 여기
지 않았다. 그런 일은 귀족들의 만찬 후에 여흥을 돋우기 위해 고용
된 평민들이나 하는 것이었다).

　『음악론』의 여섯번째 책은 나머지 책들과 성격이 다르며,
따로 분리되어 유통되었다. 이 책에서 아우구스티누스는 플
라톤의 믿음을 자신의 방식대로 다시 서술했다. 우주 만물의
밑바탕에는 수학적 원리들이 놓여 있으며, 이 원리들이야말
로 우주가 신의 섭리에 따라 질서 있게 기획되었음을 보여
주는 주요 단서들이라는 것이다. 특히『티마이오스』에서 플
라톤은 영혼의 구조를 결정하는 비율이 음정 사이의 비율과
직접 관련 있다고 가르쳤다. 이를테면, 한 옥타브는 2:1, 5도
는 3:2, 4도는 4:3, 2도는 9:8의 비율을 이룬다. 실제로 행성
들 사이의 거리는 이와 똑같은 비율로 되어 있다.

　아우구스티누스는 자신이 음악소리에 쉬이 감동받는다고
여러 차례 언급했다. 밀라노에서 그는 처음엔 암브로시우스
의 설교 기술에 감탄해 성당을 찾곤 했는데, 자신이 설교 내
용에 감명받았을 뿐만 아니라, 시편 성가에도 사로잡혔다는

것을 알게 되었다. 그는 적절한 음악에 언어의 의미를 마음으로 느끼게 해줄 수 있는 능력이 있음을 발견했다. 청년 시절에 그는 음악이 그의 삶에 대체될 수 없는 위로의 원천이라고 여겼다. 장년기에는 음악에 쓸 시간이 거의 없어져버리긴 했지만, 음악과 영혼 사이에는 '감추어진 친연성occulta familiaritas'(C x. 49)이 있다는 플라톤의 이론을 여전히 확신하고 있었다. 인간의 오감 중 적어도 네 개의 감각에서 동등하게 독립해 있는 예술은 음악밖에 없고, 음악만큼 수학의 원리를 따르는 다른 예술도 없다. 정신의 힘 중에 실제로 음악을 듣고 있지 않으면서도 상기해낼 수 있는 것보다 더 놀라운 능력이 있겠는가? 아우구스티누스는 이러한 관찰 내용이 육체에 대한 영혼의 초월성을 강력하게 입증해 보여주는 것이라 여겼다.

아름다움의 본성에 대한 플로티노스의 연구(i. 6)는 깊은 영향을 남겼다. 아우구스티누스는 우주에 편재한 수학적 질서에 놀랐으며, 이것이 카시키아쿰 대화편들에서 두드러진 주제가 되었다. 거기에서 신의 섭리에 대한 그의 확신은 실질적으로 미학적이며 플로티노스적인 것이었다. 이를테면, 빛과 어둠의 대비는 전체적인 아름다움에 기여한다. 그러나 아름다움은 주관적 감정만이 아니라 수數에 바탕을 두고 있다. 정밀함은 무생물 환경에만 있지 않고 인간 생명의 과정에도 있다. 이는 배아가 어떻게 변함없이 정확한 시간 간격을 두고 발생의 각 단계에 이르는지를 보여주는 발생학 연구를 통해 명확히 드러난다. 게다가, 아우구스티누스는 건물의 아름다움이 그 수학적 비례에 달려 있다고 덧붙여 말했다. 대칭을 이루는 창문 배치는 정확한 측량에 따라야 한다. 그러므로 아름다움에는 객관적 근거가 있다. 아름다운 사물이 눈을 즐겁게 하는 것이지, 눈을 즐겁게 하는 사물이 아름다운 것은 아니다(그러나 그는 남자가 여자를 사랑하는 것에 관해 이야기할 때는 이러한 판단을 오직 부분적으로만 인정했다. 인간의 육체가 지닌 대칭과 비율은 수학적인 방식으로 측정할 수 있다. 그러나 아우구스티누스는 현대 독자들에게 대단히 낭만적으로 들릴 수 있는 말로 이렇게 덧붙였다. '아담이 이브를 사랑한 것은 그녀가 아름다워서가 아니었다. 이브를 아름답게 만든 것은 아담의 사랑이었다.'[P 132.10]).

어떤 본문들을 보면, 물질세계에서 형이상학과 신학으로 상승해가는 중간 지점에 수학이 있다는 신플라톤주의의 전형적 관점과 만나게 된다. 아우구스티누스는 독자들이 자신의 말을 잘못 이해하여 순수수학이 어떤 단서를 달지 않고도 형이상학이 될 수 있다고 생각하지 않게끔 경고해야 했다. 기하학이 신학에 대해 이야기하는 독특하게 모호한 방식이라고 생각해서는 안 되었다(Sol. I.2). 아우구스티누스는 자

신이 알고 있는 수학자들 중에 정말 '지혜롭다'라고 일컬어
질 만한 수학자는 한 움큼에 불과하다고 건조하게 언급했다
(LA ii.30).

아우구스티누스는 세상이 왜 존재하는가만이 아니라, 어
떻게 우리의 정신이 감각기관은 물론이고 '기호'인 언어를
통해서도 사물을 인지할 수 있는지 묻고자 했다. 언어의 기
능에 대한 분석적 질문들이 먼저 제기되어야 그 너머에 있
는 실존적 질문들에까지 나아갈 수 있다. 언어와 의미, 그리
고 그 둘이 현실계와 맺는 관계에 대한 이런 관심은 '하느님
의 말씀'을 통해 신의 자기 계시를 해석하는 평신도 신학자
로서 그가 해낼 역할이 커지면서 활성화되었다. 그는 종교의
언어가 대체로 비유적이고 간접적이라는 사실에 매우 민감
했다. 신자이든 비신자이든, 숙고하지 않는 사람들은 종교의
언어가 사실을 있는 그대로 기술하는 평이한 산문이라 여기
지만, 논증된 추론의 결론을 표현하기보다는 심오한 직관과
통찰을 품고 있는 한 무더기의 창의적인 은유인 경우가 많
다. 그는 종교적 열망이, 적어도 많은 경우에, 음악과 친연성
을 가질 수 있음을 알고 있었다.

그가 살아 있던 동안에 북아프리카의 가톨릭교회들은 점
점 더 회화 예술과 타협해가는 중이었으며, 그리스도, 마리
아, 베드로와 바오로, 구약의 성인들, (적절하게 몸을 가린) 아

담과 이브, 이삭의 희생 제사 등등을 그린 벽화들을 설치하고 있었다. 플라톤주의자였던 그는 예술의 힘이 언제나 감각에서 영혼에 이르는 교량으로 구실하기보다는 신과 영혼 사이를 비집고 들어온다는 유보적 느낌을 갖고 있었다. 그러나 그는 교회음악을 모두 배제해버리고 싶어하던 순수 엄격주의자들에 맞서 교회음악을 옹호했으며, 음악이 위험한 것일 수도 있겠지만, 그것은 고양된 기쁨과 외경에 싸여 신에게 굴복하게 되는 감정을 드러내는 천부적 매개체임을 인정했다.

평신도로서 타가스테에 있는 동안 아우구스티누스는 『교사론De Magistro』과 『참된 종교De Vera Religione』도 저술했다. 이 두 작품은 그의 작품들 중 가장 큰 효과를 발휘한 것들에 속한다.

『교사론』은 아우구스티누스가 함께 대화를 나누며 생각들을 풀어내곤 하던 영리한 친아들 아데오다투스를 기리며 쓴 작품이다. 이 작품은 사람들이 어떻게 진리를 소통할 수 있는가 하는 문제를 다루고 있다. 말을 통해 진리를 소통하지 않느냐는 단순한 대답으로 논의가 시작되지만, 그뒤에는 이 순진한 답변에 대해 불같은 비판들이 이어진다. 말은 관습에 따라 의미를 지니게 된 소리일 뿐이므로, 모호하며 제한된 정도로만 의미를 전달한다. 발화된 말의 의미는 적어도 발음된 음절들로써 결정되는 것만큼 말투, 맥락, 몸짓에 따라 달라지기도 한다. 화자는 표정을 통해 자기 무리의 사람들에게만 그가 지금 반어법을 사용하고 있음을 드러낼 수도 있다. 어떤 관용 표현들은 단어들이 의미하는 듯 보이는 것과 정반대 의미를 담을 수도 있다. 한 사람을 정직한 법률가라고 묘사하는 것이 실제로는 전혀 그러한 의미를 나타내지 않을지도 모른다. 게다가, 말은 연막처럼 쓰여서 감추거나 속이고, 허위 정보를 전달할 수도 있다. 어떤 경우에도, 말은 물리적 소리일 뿐이다. 거기에 의미를 부여하는 것은 정신이다.

언어가 유용하다는 점을 아우구스티누스가 부정했을 리 없다. 언어를 사용하는 데 매우 훌륭한 대가였던 그가 언어를 두고 아무런 역할도 하지 않는다고 생각했을 가능성은 별로 없다. 게다가, 성경은 언어로 기록되었으며, 성사聖事는 '눈에 보이는 말씀'이다(F 19. 16). 성사에 권능과 내적 의미를 부여하는 것은 말씀과 성령이며, 그것이 없다면 그저 외적인 의례일 뿐이기 때문이다(Jo 80. 3). 그러나 그렇다고 해서 언어가 그 자체로 중대한 문제들에 담긴 의미를 온전히 전달하는 데 효과적이거나 적절하다는 것은 아니다. 진리는 궁극적으로 만질 수 없고 들을 수 없으며 말로 표현할 수 없는 정신과 정신 사이의 상호작용을 통해 경험되고 소통된다. 정신은 오직 정신에 의해서만 알 수 있기 때문이다.

이 논고를 통해 아우구스티누스는 기도의 본질에 대해 숙고하게 되었다. 가까운 친구들의 정신은 말 한마디, 몸짓 하나 없이 서로 소통할 수 있다. 불가해하고 초월적인 하느님은 우리가 표현할 수 있는 그 어떤 것보다도 더 '내면적' 존재다. '기도할 때, 우리는 종종 우리가 하는 말의 의미를 거의 알지 못한다.'(Sol. i. 9) 이러한 능력 부족은 우리의 용어들과 범주들이 시간, 공간, 연속성으로 이뤄진 이 세계에서 취한 담론 안에 있다는 데서 이미 부분적으로 내재돼 있다. 따라서 우리의 용어들과 범주들은 영원불변한 것들에 관한 진리를 모호하게 만들어 왜곡해버린다. 부분적으로는 이것이 말로 표현하기에는 너무나 깊이 깔려 있는 감정('갈망desiderium'—이 말보다 아우구스티누스를 특징적으로 드러내는 단어는 없다)에 관련된 모든 문제의 특징이기도 하다. '사람은 자신이 느낄 수 없는 것에 대해서는 아무것도 말할 수 없지만, 자신이 말로 표현할 수 없는 것을 느낄 수는 있다.'(S 117.7f, P 99.5)

그는 친구들끼리 서로 이해할 수 있는 궁극적인 힘이 신의 이성에 대한 공통된 참여에 있다고 믿었다. 이러한 믿음은 우정이라는 선물에 대해 그가 너무나도 고양되어 때로는 감정적인 언어를 사용하는 것과도 일맥상통한다. 스승이신 그리스도로부터 퍼져나오는 빛을 서로 나눈다는 것은 타인들에게 있는 동일한 믿음을 인식할 수 있게 되는 것이다. 아우구스티누스는 때때로 종교 공동체란 것이 규정하기 어려운 직관을 통해 진짜 신앙과 가짜 신앙을 분별할 수 있는 능력을 지닌다고 이야기하곤 했다. 그가 생각하기에, '가톨릭 신자들의 귀'에는 그 신앙의 기본 원리들을 말해줄 시노드 synod(교리, 규율, 전례의 문제를 토의하고 결정하고자 교회의 권위하에 열리는 교회 회의를 말한다—옮긴이)의 공식 결정들이 별로 필요하지 않다(DEP iv. 36). 그렇다면, 이러한 정신의 조명이란 사실들에 대한 정보이기보다는 분별의 능력이나 감각이다. 이는 더욱 심오한 인격의 층위들을 꿰뚫는다. 아우구스티누스는 내적 통찰을 통해 무의식의 존재를 알게 되었다. '그대는 그대가 알고 있음을 의식하지 못하는 무언가를 알고 있을 수 있다.'(T xiv.9)

꿰뚫을 수 없는 마음속 깊은 곳, 인간의 '심연'에 대해 쓴 일련의 글들이 또 있다. '모든 마음은 모든 마음에 대해 닫혀 있다.'(P 55.9) 하느님에게는 모든 동기가 알려져 있지만, 사람에게는 그렇지 않다(134.16). 인간 자체가 깊은 대양, 거대한 심연grande profundum이다(C iv. 22). 그래서 개인은 자신의 품성과 마음조차도 이해할 수 없다(P 41. 13).

그는 논리적 난제들에 보통 이상의 관심을 기울였다. 그

러나 현대 독자들이 심층심리학이라고 생각할 만한 것에 관
심이 생기면서, 영리한 변증가들이 하던 기발한 언어 게임을
회의적으로 보게 되었다. 그들의 교의에는 '마음이 빠져 있
었다'(C ix.1 외). 그가 보기에 논리 훈련이 가치 있긴 하지만
(그는 신학자들에게 그것이 대체 불가한 것이라 생각했다) 종교
는 인격의 더욱 깊은 층위들에 관여하는 것이었다. 그가 말
하는 종교의 진리란 '영혼들의 태양인 신'에게서 오는 내적
조명이다. 그는 참된 생각들이 영혼 안에 내재되어 있다거나
타고나는 것이라고 암시하지 않았다. 그것들은 언제나 창조
주의 선물로서 나타난다.

  '영혼anima'이란 용어를 통해 아우구스티누스가 의미한
것은 사람을 이루는 요소 중에 가장 높고 비물질적인 요소
이다. 영혼은 인간의 한 부분이고, 정신(mens, 아주 드물게는
animus)은 영혼의 기능일 뿐이다. 그는 정확히 '영혼'이란 무
엇이며, 신이 어떻게 영혼들을 창조했는지는 인간의 앎을 넘
어서는 것으로 보았다. 한번은 그가 유아세례에 대해 말하면
서, 아담의 후손들이 모두 첫번째 조상에게 육체뿐 아니라
영혼까지도 유전적으로 물려받은 것이라고 한다면 문제는
훨씬 간단해질 거라고 했다(GL x.19). 그러나 이처럼 유전을
통해 영혼을 얻게 된다는 교의(영혼유전설traducianism)는 적어
도 일부 플라톤주의자들이 편하게 느낄 수 있는 것보다 더

많은 육체적 함의를 지니고 있었다. 신이 개개인의 영혼을 특별하게 창조해준다고 한다면 더 나을 것이다(이럴 경우 창조주가 끝없는 격무에 시달리게 된다는 반대 의견이 나왔지만, 아우구스티누스는 멍청한 생각이라며 무시해버렸다). 좀더 플라톤식으로 말하자면, 모든 영혼은 태초부터 신 안에 존재하며, 지상에 내려와 육체 안에 머무르도록 보내지거나 또는 그렇게 하기를 스스로 선택한다. 신플라톤주의 철학자들은 이에 관한 정답을 가려내지 못하고 서로 의견을 달리했으며, 성경도 길잡이가 되어주지 못했다. 아우구스티누스가 생각하기에 이중 어떤 선택지도 완전히 배제할 수 없었다. 그가 결정을 거부하자 날카로운 비판이 쏟아졌다. 비판하는 이들은 이러한 문제를 결정되지 않은 모호한 상태로 남겨둬서는 안 된다고 느꼈다. 하지만 아우구스티누스는 동요하지 않았다.

무한하며 영원한 것들을 유한한 정신이 이해할 수 있는지에 대한 의구심 때문에, 아우구스티누스는 우리의 앎을 뛰어넘어 존재하는 신에 대해 매우 상대주의적 언어를 써서 기술했다. 요한복음서 도입부에 주석을 달면서, 그는 이렇게 썼다. '요한은 영감을 받았으므로 무언가를 말할 수 있었다. 그가 영감을 받지 못했다면, 그는 아무것도 말하지 않았을 것이다.' 성경을 매개로 해서 신의 계시를 받는다고 해도, 계시를 받는 이의 온당한 능력에 따라 계시가 조정되며, 이미지들로 표현된다고 하는 명제는 여전히 부적절하다(C xiii. 18~19). 아우구스티누스는 개념에 대해서도 냉혹하게 표현했다. 또는 '그대가 개념을 이해할 수 있다고 해도' 개념은 신을 담아내기에 절대 충분하지 않다(S 117.5). '신을 발견하지 못함으로써[곧 신은 우리가 파악할 수 있는 능력 너머에 있다는 것을 알게 됨으로써] 신을 발견하는 것이 신을 발견함으로써 신을 발견하지 못하는 것보다 낫다'(C i.10)라는 역설을 이야기하기도 했다. 은총의 인과관계란 언제나 인간의 파악 능력을 넘어선다(SL 7). 그러나 이러한 말들이 뜻하는 엄청난 불가지론이 회의주의로 기울지는 않았다. 그는 불충분하다는 데에도 여러 등급이 있다는 것을 알고 있었다.

아우구스티누스는 한때 자신이 속했던 아카데미아학파와 맞닥뜨렸다. 아카데미아학파는 확실한 앎의 가능성을 회의하면서, 사람은 절대로 진리에 이를 수 없고 다만 진리와 유사한 개연성이나 근사치를 얻을 수 있다고 말하길 좋아했다. 아우구스티누스가 생각하기에, 한 명제가 진리와 유사하다고 말할 수 있으려면, 그렇게 판단할 수 있는 진리가 반드시 있어야 했다. 또한 앎에 관해 그가 매우 강조하며 반복했던 논증이 하나 있는데, 이 논증은 17세기에 데카르트가 다른 맥락에서 중요하게 사용했다. '나는 생각한다. 고로 나는 존재한다. 설사 내 생각에 오류가 있더라도, 나는 존재한다.' 의심하는 한, 개인은 적어도 자기 자신이 존재한다는 것에 대해 완전히 확신해야 한다. 그렇지 않다면 그는 의심하는 위치에 있을 수 없을 것이다. 그러므로 판단 중지란 빈틈없이 완전하거나 합리적인 입장이 아니다.

위에서 슬쩍 언급했지만, 아우구스티누스와 데카르트의 차이를 알 수 있을 것이다. 아우구스티누스는 확실성이란 것이 의심하는 정신의 주관적 상태에서만 배타적으로 발견된다고 주장하지 않았다. 데카르트는 코기토Cogito를 앎의 유일한 기초로 삼았지만, 아우구스티누스는 그럴 필요가 없었다. 그러나 그가 수학의 순수한 진리들이 오감으로 지각한 어떤 것과도 비교할 수 없을 만큼 훨씬 더 확실하다고 보았던 것은 사실이다.

아우구스티누스는 이러한 논증을 플라톤 철학의 방향으로 더욱 밀고 나가서 우리의 정신에는 육체를 통해 들어오는 감각이나 지각의 흐름보다도 훨씬 더 의미심장한 방식으로 진리들을 알 수 있는 능력이 있음을 시사했다. 만약 의심의 여지가 없는 어떤 것이 있다면, 알려질 여러 진리가 실제로 있다는 것이다. 정신은 진리를 갈구한다. 누구도 속았다는 것을 참지 못한다(C x34, S 306.9, DDC i.40). 진리를 몹시 갈구하면서도 얻을 수 없다면 누구도 행복해질 수 없다. 그러나 이 마지막 명제에 대해 아우구스티누스는 종교적인 압박을 느껴 수정했다. 종교의 진리에 대해 말할 때, 안다는 것은 앎을 소유하고 있는 정적인 상태가 아니라, 하느님을 향해 자라나는 관계인 것이다. 진리를 추구하는 사람마다 하느님이 그 곁에 계시며 도와주시고, 이것으로 그는 추구하는 진리를 완전히 파악하지 못하더라도 충분히 행복해질 수 있다(BV 20). 하느님을 향유하는 것은 '만족을 모르는 만족'이다(S362. 28). 여러 저술에서, 아우구스티누스는 영혼이 완전한 이해에 이르는 일곱 단계의 사다리를 구성해놓았다(VR 49, ZA 70-6, DDC ii.7).

그는 알고자 하는 정신이 큰 역할을 하지 않는 앎이란 존재하지 않는다고 생각했다. 한편으로, 이해를 갈구하도록 정신을 추동하는 내적 갈망이 없다면 아무것도 알 수 없다. 어떤 대상에 대해 아무것도 알지 못하면서 그 대상을 사랑하는 것은 불가능하다. 그러나 이처럼 자명한 이치 속에 호기심을 불러일으키는 주체에 대한 암시가 이미 전제되어 있다. '발견을 하려면 올바른 질문을 던지는 것과 찾고자 하는 바가 무엇인지를 아는 것이 중요하다.'(QH prol.) 아우구스티누스는 교육과정에 대해 플라톤적으로 설명했다. 교육이란 이미 존재하고 있던 하나의 능력, 어떤 의미에서는 하나의 앎을 불러일으키는 것이다.

플로티노스는 앎의 대상이 앎의 주체와 완전히 구별되며,

완전히 주체 외부에 있는 것이므로 앎의 행위에는 의미 있는 개인적 요소가 절대 있을 수 없다는 생각을 싫어했다. 아우구스티누스도 플로티노스와 생각이 같았다. 외부 세계에 대한 우리의 지식에는 자의식의 요소가 붙어 있기 마련이며, 개인적 주체는 제거될 수 없다. 당신이 무언가를 안다면, 그것을 알고 있는 이가 바로 당신 자신이라는 것 또한 안다. 이러한 경로를 통해 이해는 그 대상에 이르고자 하는 사랑을 필요로 한다는 주제가 신학에 합류된다. 그는 이것을 이렇게 표현했다. 우리가 어떻게 신을 알 수 있는가에 대한 의문은 모두 '사랑으로 우리가 무엇을 이해하는가?'라는 질문으로 회귀한다(Tviii. 10). 창조주의 사랑은 그의 이성적인 피조물들의 정신과 의지 안에 편재해 있다(Tviii. 12). '우리는 걸어서가 아니라 사랑함으로써 하느님께로 나아간다non ambulando, sed amando.' '우리의 발이 아니라 우리의 도덕적 품성이 우리를 그분께 더욱 가까이 데려다준다. 도덕적 품성은 무엇을 아느냐가 아니라 무엇을 사랑하느냐에 따라 평가된다.'(E 155.13)

그러므로 하느님에 대한 관념을 부정否定의 칭호로만 감싸버리는 부정의 길만이 유일한 길은 아니다. 확실히, 신이란 무엇인가보다는 신이란 무엇이 아닌가를 말하기가 더 쉽다(P. 85. 23). 그러나 적어도 우리의 무지는 알려진다docta ignorantia(E 130.28). 믿는 자의 언어는 확실함과 망설임 사이를 오간다. 여기에서 아우구스티누스는 포르피리오스에게서 발견한 역설을 자신의 것으로 만들었다. 신에 대한 관상觀想은 지성을 넘어서는 체험이며, '아무래도 그러한 것들은 알지 못함으로써 알게 되며, 이러한 종류의 앎을 통해 그러한 것들의 신비로움을 깨닫게 된다'(CDxii. 7; Cxii. 5).

『참된 종교』는 아우구스티누스가 타가스테의 부유한 지주 로마니아누스를 위해 쓴 글이다. 그는 한때 아우구스티누스의 교육을 재정적으로 지원해주었고 총명한 청년 아우구스티누스에 이끌려 마니교로 개종했다. 이제 아우구스티누스는 다시 그를 개종시켜서 가톨릭교회로 데려와야 했다. 이 논고의 요지는 마니교에 대한 공격이지만, 그리스도교와 가톨릭교회의 틀 안에서 신플라톤주의의 주제들을 다루었다는 점에서 주로 주목할 만하다. 그는 '보편 교회catholica'의 단일성에 호소했다. 이 보편 교회가 바로 로마가톨릭교회라는 점은 경쟁 관계에 있던 다른 종파들도 인정했던 것이다('그들에게 가톨릭교회가 시내 어디에 있는지 물어보라. 그러면 그들조차 자기들의 비밀 집회소를 가리킬 만한 배짱이 없을 것이다'). 바로 이 단일한 보편 교회의 권리 증서는 성경에 기록된 거룩한 역사 속에 있다. 보편 교회의 교리들은 이성(플라톤 철학을 의미한다)에 부합하는 일관성에 의해 그 정당성이 입증된다.

다신교 제의들을 용인한다는 점을 제외하면 플라톤 철학은 그리스도교에 매우 가까웠으므로 '몇몇 어휘들과 의견들을 바꾸자 많은 플라톤주의 철학자들이 그리스도인이 되었다'(VR 7). 아우구스티누스는 이러한 사실에서 신앙과 이성 사이의 일관성을 보았다. 신플라톤주의에 있는 존재의 층위에 대한 개념과 섭리에 대한 확증은 그리스도교의 틀 안에 체계적으로 통합될 수 있었다. 그리고 플라톤 철학 전통의 염원은 그리스도를 통해 실현 가능해졌다. 그렇다면 구원의 내용은 행복이라 정의된다. 그리고 행복이란 영혼이 교만과 걱정, 정신을 산만하게 하는 다양한 일들을 등지고 돌아서서, 일자를 향해, 순수한 이성을 향해, 겸손하신 그리스도 안에서 만나게 되는 하느님을 향해 고양되어갈 때 찾아오는 내적 안정을 말한다. 아우구스티누스는 그리스도가 한 인격 안에서 신이면서 동시에 인간이기 때문에 구원을 일으킬 수 있다고 보았다. 우리가 이 찰나의 세계에서 영원의 세계로 오를 수 있게끔 하느님이 놓아주신 통로이자 사다리가 바로 이 신-인간이다. 그는 목표이면서 동시에 그 목표에 이르는 길, 곧 야곱의 사다리다. 역사 속에 있었던 '사람의 아들'을 앎으로써 우리는 하느님의 영원한 지혜를 식별할 수 있게 될 것이다(Txiii. 24). 그는 모범이자 선물이며, 우리의 표본이자 속량이다. 그는 곧 중개자인데, 포르피리오스는 다른 열등한 중개자들을 많이 끼워넣고 있으면서도, 이 중개자에 대해서는 여지를 두지 않았다. 신자들은 처음에 인간 그리스도라는 모범에서부터 시작한다. 이때의 그는 '아기들의 우유'인 셈이다. 그러나 그리스도는 그를 믿고 그에게 순종하는 사람들을 모두 그의 참된 수준까지 끌어올린다(C vii.24). 아우구스티누스는 서너 편의 글에서 인간의 구원을 인간의 '신격화deificaiton'라고 과감하게 기술했는데, 이는 고대 라틴 신학자들보다는 고대 그리스 신학자들 사이에서 더 흔하게 쓰이던 말이었다. 그러나 이 말에는 종종 단서가 붙었다. '그 것은 한편으론 신이 되는 것이고, 다른 한편으론 신에 참여하는 것이다.'(CD xxii.30.3) '어떤 사람들이 이야기하는 것처럼, 우리가 내세의 삶에서 신의 실체로 변화해 신 자체가 될 것인지' 우리는 확신할 수 없다(N 37). 아우구스티누스가 말하려고 한 바는 우리가 '사랑으로 신에게 합일된다'는 것이다(M i.20).

아우구스티누스의 동시대인들 중 옛 신들에 대한 믿음을 모두 잃게 된 이들은 그리스도교에서 대체물을 찾으려고 하지 않았다. 아우구스티누스가 기술한 바에 따르면, 이들은 사람을 노예로 만드는 미신이라며 모든 종교를 묵살했다. 그들은 신앙의 바다를 항해할 때도 개인의 자유와 주권이 자기 영혼의 주인이라는 점을 입증하고자 했다. 이들에 대한 아우구스티누스의 (진실되지 않았다기보다 친절하지 않았던) 논평은, 모든 종교의 차꼬에서 벗어났다고 선언한 이들이 끝까지 전혀 속박되지 않은 상태로 있었더라면 자율성에 대한 그들의 당당한 확신도 더욱 깊은 인상을 남겼을 텐데 그렇지 못했다는 것이었다. 그들이 처한 자기중심적 노예 상태는 육체적 쾌락과 평안, 또는 권력과 부에 대한 노골적 야망에 속박된 것이었다. 지식인 집단들은 고작해야 얕고 어설픈 세속적 지식을 끝없이 모색하는 데 매여 있었다.

그런 지식은 고작해야 상대적인 지식밖에 되지 못했고, 진지하지 못한 도락道樂으로 기울 뿐이다(플라톤 철학의 영향으로 아우구스티누스는 자연과학에 그다지 관심을 보이지 않았으며, 지식은 그 자체로도 추구될 수 있다는 아리스토텔레스의 생각에 반대했다. 철학의 첫번째 과제는 논리와 윤리에 있다는 것이 그에게는 자명했다). '사람은 자신이 행복을 찾으려고 사용하는 수단의 노예다.'(VR 69) 진정한 행복에 대한 갈망은 사람이 자기 내면에서 신을 발견하는 지점이 된다(이 부분은 『호르텐시우스』와 포르피리오스를 혼합한 것이란 사실을 알 수 있다). 수학적 완벽함을 지닌 외부 세계를 바라볼 때조차 '자신의 바깥으로 나가지 말라'. 자신의 인격 안으로 돌아가라. 정신은 신의 진리를 비춰주는 거울이다. 그러나 정신은 변할 수 있다. 그러므로 '자신을 초월하라'. 그리고 만물의 영원불변한 근거를 찾아 나서라. 그러면 너는 '하느님을 섬기는 것이 완벽한 자유'임을 깨닫게 될 것이다(VR 87).

이 논고는 자연과 이성 안에 있는 보편적인 것에 호소하고 있으며 이는 다시 매우 다른 주제, 곧 역사 속에 있는 신의 목적을 확증하는 것과 맞물린다. 이것은 성경에 있는 밀과 가라지, 옛사람과 새사람, 겉과 안이라는 대립항으로 요약된다. '두 가지 부류의 사람들'이 있다. 이 이원성은 소원해진 세속 사회에서 숨겨진 하느님 백성의 신비스러운 현존에 대해 말하는 것이다. 이러한 방식으로 플라톤 철학에 있는 감각과 정신의 대비가 궁극적으로는 성경의 묵시록에서 가져온 주요 주제와 섞여들게 되었다. 이 구절(VR 49~50)은 나중에 그가 완전한 오케스트라처럼 지휘하게 될 주제 하나가 가장 이른 시기에 드러난 예다. 10년 후, 두 종류의 사람들은 '두 개의 사랑', 두 개의 도시 곧 바빌론과 예루살렘이 되었다. 20년도 더 지나, 두 개의 도시는 그의 가장 훌륭한 작품 중 하나인 『신국론De Civitate Dei』의 기초가 되었다.

학계에서는 이러한 개념이 아우구스티누스에게 중요해지게끔 만든 원천 또는 자극이 무엇이었는지를 두고 논쟁해왔다. 빛과 어둠, 신과 어둠의 왕자 사이의 우주적 대결이라는 마니교의 이원론이 그에게 남아 있었던 것일까? 대부분의 학자들이 훨씬 더 그럴듯하다고 생각하는 대안은, 티코니우스Tyconius라는 신학자가 그에게 깊은 인상을 남겼기 때문이라는 추론이다. 이 신학자는 종파분리적인 도나투스파에 속했으나, 참된 교회란 보편적이어야 한다고 주장함으로써 동료들과 반목했다. 이런 생각으로 인해 그는 동료들이 미워하던 가톨릭교회와 매우 가까워졌고 결국 자신이 속해 있던 종파에서 파문당했다. 그렇지만 그는 가톨릭 공동체에 합류하지 않았는데, 그 이유에 대해서는, 이를테면 한 개인의 신념 변화가 집단 사이의 화해를 방해할 수 있어서였다는 식으로 추측할 뿐이다. 티코니우스는 현전하는 성경 해석용 『규칙서』와 요한묵시록 주해집을 썼다. 주해집의 현전하는 단편斷片들을 보면 바빌론과 예루살렘이라는 두 도시의 대비가 그에게 중요했음을 알 수 있다.

그러나 요한묵시록에 대해 강렬하게 관심을 두었던 것은 비단 도나투스파에만 한정된 현상이 아니었다. 이는 일반적으로 아프리카의 그리스도인들 사이에선 흔한 일이었다.

제 5 장

성소 聖召

아우구스티누스는 타가스테의 평신도 공동체를 통해 자신의 문제들이 해결됐다고 생각하지 않았다. 어떤 단계에서는 사막으로 들어가 은둔할지를 두고 심각하게 고민했다. 그러나 그런 일은 절대 일어나지 않았다. 391년 초, 그는 타가스테에서 72킬로미터 떨어져 있는 히포 레기우스Hippo Regius를 방문했다가 그곳의 얼마 되지 않는 가톨릭 신자들을 위해 서품을 받고 사제가 되었다(당시 히포에 있던 그리스도인들은 대부분 도나투스파에 속했다). 그의 사색적인 시도들은 갑자기 끝나버렸지만, 서품을 거부할 수는 없었다. 그는 자신의 기질과 성향, 건강 상태 때문에 사제직에 잘 맞지 않는다고 느꼈지만, 이 소명에 맞게 준비하고자 성경을 가지고 자리에 앉았다. 그는 수도승이 되기를 원했지, 분주한 도시의 본당 신부가 되어 계속해서 비이성적인 사람들에 둘러싸여 지내려던 것은 아니었다.

그를 사제로 서품한 노老주교는 타협안 하나를 허락했다. 아우구스티누스는 히포 성당 옆에 있는 밭에 수도원을 지었다. 그리고 이곳에서 나이든 은퇴 사제 몇 명과 함께 살았다. 하지만 이 공동체의 주요 구성원들은 평수사들이었다. 이들은 육체노동을 하거나, 강가 상인들 밑에서 점원으로 일하며 공동체를 유지했다. 아우구스티누스가 떠나게 되면서 해체된 타가스테의 평신도 공동체보다 교육을 훨씬 덜 받은 히포의 수사들은 날마다 시편과 성가를 노래했다(성경에 나오지 않는 내용으로 된 성가들이 아프리카의 가톨릭 전례에서 공인되는 일은 매우 드물었다. 그런 성가를 부르는 것은 대부분 도나투스파의 관습이었다).

공식적으로 청빈 서원을 해야 했던 것은 아니지만, 모두가 공동체에 들어올 때 개인 재산을 포기했다. 사실 대부분의 수사들에게는 이렇게 하는 것이 공동체 담장 바깥으로 나가는 것보다 더 큰 경제적 안정을 의미했다. 환자에게는 포도주가 허락되었으며, 손님이 왔을 때는 고기를 먹을 수 있었다. 입회 즉시 공식적으로 수도복을 입었고 눈에 띄는 모자를 썼기 때문에 길에서도 단번에 알아볼 수 있었다. 그들은 음악회나 경기장에 갔다가 돌아오는 군중이 그들을 동정하는 데 익숙해져야 했다. 아우구스티누스는 그들의 삶이 오직 내세의 가치들의 관점 아래에서만 의미를 지닐 수 있다는 말로 사안의 본질을 정확히 집어냈다(S 46. 10). '다가올 세상에 대해 생각하지 않는 자, 하느님의 궁극적 약속들을 받으리라는 것 외에 다른 목적으로 그리스도인이 된 자는 아직 그리스도인이 아니다.'(S 9.4) 얼마 지나지 않아 수녀 공동체도 생겼으며, 과부가 된 아우구스티누스의 누이가 '어머니' 곧 수녀원장을 맡았다.

그는 사람들이 수도원에 들어올 때 그들의 해묵은 문제들도 같이 가지고 들어온다는 것을 깨달았다. 성품에 문제가 있다거나, 술에 약하다거나, 탐욕스러운 성향이 있다거나, 그 밖에 부정적 특징들을 지닌 이들은 엄숙하게 금욕을 결심하는 서원을 발할 때도 이러한 결점들을 버리지 못한다는 것을 경험으로 금세 알게 되었다. 이런 경험은 아우구스티누스에게서 서원식 때마다 사기꾼들도 끼어 있다는 슬픈 논평을 자아냈다(P99. 13). 그는 자신의 수도원이 그리스도를 위해 최전방에 설 병사들을 훈련하는 학교가 되길 바랐으며, 실제로 수사들 중 많은 이들이 세상에 나가 주교가 되어 봉사했다. 그러나 히포의 공동체는 삶에 적응하지 못했거나, 삶에 희생당한 것이 분명한 사람들을 위한 병원이기도 했다.

4. 히포에 있는 성 아우구스티누스 성당 유적 항공사진

그는 자신의 수도원을 위해 규칙서를 썼다(E 211). 이 규칙서는 두 개의 계통으로 전수되었는데, 하나는 여자 수도회를 위한 편집본이고, 다른 하나는 남자 수도회를 위한 것이다. 11세기 중반에 후자를 근거로 아우구스티노회가 설립되어 오늘날까지 계속 이어지고 있다. 아우구스티누스의 규칙서는 눈에 띄게 간단하며, 참회를 두드러지게 장려하지 않았다는 점에서도 주목할 만하다. 오히려 아우구스티누스는 지나친 고행에 상당히 반대했다. 그가 생각한 '그리스도의 가난'은 절약과 절제가 함께하는 사색적 고요함이었지, 건강을 해치는 것은 절대 아니었다.

아우구스티누스의 규칙들이 그저 느슨하게 시행되었던 것은 아니다. (단 한 번뿐이긴 하지만) '적절하지 못한 시간'에 수녀들과 잡담하다 걸린 청년 수사를 체벌했다는 이야기도 있다. 아우구스티누스의 중심 메시지는 지상에는 오래 지속되는 도성이 없으므로 매우 가볍게 여행하자는 것이었다. 하지만 그 자신이 실제 개인적으로 실천했던 것처럼(그와 함께 히포에서 살다가 이웃 도시인 칼라마Calama의 주교가 된 포시디우스Possidius가 직접 보고 쓴 글에서 볼 수 있듯이) 그의 이상에는 청빈이 뚜렷이 새겨져 있다. 그는 영이 신을 향해 고양되는 데 감각이 방해된다고 계속 의심했으며, 신자는 자기도 모르게 해이해지지 않도록 계속 깨어 있어야 한다고 생각했다.

죄스러운 습관들이 가져오는 부패와 침식이란 결과는 결국 '작은 일들'에서부터 시작된다는 사실을 여러 구절에서 독자들에게 경고하고 있다. 심지어 『고백록』(ix.18)에는 어머니 모니카가 젊었을 때 집에 있던 저장고에서 포도주를 홀짝여 버릇하던 것이 결국에 중독될 지경까지 이르렀던 일이 사례로 실려 있다. 더구나 하나의 죄는 또다른 죄로 이어질 수 있다. 사람들은 소소한 실수를 감추려고 심각한 거짓말을 한다. 살인자는 발각되지 않으려면 목격자까지도 살해해야 할 것이다(P57. 4). 작은 모래알들이 모이면 납덩이만큼 무거워질 수도 있다(S 56. 12).

4세기의 금욕 운동과 그 집단들은 인간의 심오한 갈망에서 솟아나왔다. 이러한 갈망은 설명하기보다는 묘사하는 것이 훨씬 더 쉽다. 금욕의 원칙은 그리스도교만큼이나 오래됐다(마태오복음 19:12, 코린토1서 7장). 게다가, 고대사회의 진중한 철학자들은 방종이 불행을 발생시키는 것이라며 한목소리로 비난했다. 그중에서도 이에 대해 가장 유창하게 말한 이는 쾌락주의자 에피쿠로스였다. 스토아학파에서는 열정과, 부와 명예에 대한 욕망과, 누군가 가져가버릴 수도 있는 무상한 것들에 대한 갈망을 억눌러야 한다고 강력하게 주장했다. 플라톤 철학의 전통에서는 영혼과 육체가 본질적으로 서로 다른 세계에 속한다는 강렬한 대비를 통해 세속적인 것들을 낮추어 보도록 격려했다. 이교도 신플라톤주의자들도 동시대 그리스도인들만큼 가난하게 살았으며, 카리스마를 지닌 그들만의 성인들이 있었다. 이 성인들은 도덕적 식별의 권위를 가졌고, 이 권위는 그들의 검박한 삶과 독신 생활로 강화되었다.

플로티노스 및 포르피리오스와 견줘볼 때, 아우구스티누스는 현세에서 평신도 성소가 지닌 구체적 장점들을 더 긍정적으로 이야기했다. 그는 『복음서에 관한 물음Quaestiones evangeliorum』(ii.44)에서 평신도 그리스도인들은 세속의 일들을 할 수 있으며 '세상사의 수레바퀴가 하느님을 섬길 수 있는 방식으로 돌아가게끔 유지'할 수 있다고 했다. 판사가 될 기회가 생긴 그리스도인에게는 판사가 될 의무가 있는 것이라고 그는 힘주어 단언했다(CD xix. 6).

그럼에도 금욕적 삶에 대한 그의 결의는 전혀 느슨해지지 않았다. 수사나 수녀가 되었다가 담장 너머의 삶을 살고자 수도원을 떠난 사람들은 그에게 깊은 실망 이상을 안겼다. 그가 생각하기에, 이전에 수도자였던 사람은 수도회의 지원자로 받아들이기에 적합하지 않았다. 자기 딸이 병상에서 회복되기만 하면 수녀가 될 것이라고 약속한 과부가 있었다. 하지만 소녀의 병이 낫자, 과부는 자기 딸을 이제 그 약속에서 놓아주는 대신에 자신이 평생 과부로 지내겠다는 서원을 하면 안 되겠는지 물었다. 아우구스티누스는 이 과부가 처음 했던 약속을 지켜야 한다고 생각했다. 곧 이 어머니의 의무는 딸을 설득해서 수녀가 되게 하는 것이었다. 만약 그 소녀가 그렇게 하지 않는다면, 그 때문에 천국에서 제명되지는 않겠지만, 그곳에서 받게 될 상만큼은 분명 줄어들고 말 것이다.

아우구스티누스는 마음의 참회가 참되고 영적인 삶 전반에 일반적인 본이 된다고 보았다. 청빈은 신자들이 스스로 부과하는 규율로 기꺼이 받아들여져야 한다(아우구스티누스는 공식적으로 성직자들에게 청빈을 강제해야 한다고 말하지 않았다). 간음, 살인, 신성모독과 같은 중죄에 대해서는 당국에서 개입할 필요가 있었다. 이 중죄들 중에서 간음이 그의 공동체에서 가장 흔히 저질러졌다. 이 죄를 짓게 되면 영성체를 할 수 없었고, 교회 건물 안에 참회하는 이들을 위해 따로 마련된 구역에 앉아야 했다. 죄에 대한 사면은 오직 그리스도에게서 오는 선물이라고 그는 가르쳤다(T xiii. 26). 믿음이라는 조건으로 신자들의 죄를 사해줄 수 있는 권능의 열쇠를 교회에 남겨주신 분은 바로 그리스도이시다(DDC i.17). 참회하는 이들은 성주간(예수의 수난과 죽음과 부활을 기리는 부활절 앞의 한 주간—옮긴이)에 신자들이 모두 모인 자리에서 부활절에 영성체할 수 있도록 준비하며 엄숙히 복권됐다. 아우구스티누스는 각 죄인에 대한 사목적 상담과 개인적 질책에 대해 언급했지만, 그 당시에는 사목적 관례가 아니었던 정기적 고해와 개인적 사면에 대해서는 말하지 않았다. 복권된 죄인들은 안수를 거쳐 공동체로 다시 받아들여졌으며, 성주간 동안에는 참회자들의 줄이 '극도로 길어질' 수 있었다 (S232. 8). 그러나 이들은 특별히 심각한 과오를 저지른 사람들이었다.

신자 중에서 가장 훌륭하고 가장 거룩한 이조차도, 현세의 삶에서 '우리의 의로움이 덕의 완성에 있기보다는 죄의 용서에 있다'는 것을 알고 있노라고 그는 분명히 말했다(CD xix. 27). 세례받은 신자는 의인이면서 죄인이다(P140.14~15. E185. 40). 신자에게 용서가 계속 필요하다는 고백은 아우구스티누스 자신이 장엄하신 하느님 앞에서 피조물은 아무것도 아님을 강하게 느끼고 있었기에 더욱 강화되었다. 마르틴 루터의 마음에 불을 지른 말이 바로 이것이었다.

현실 속 교회에서 세상과의 타협을 일소하고자 했던 아우구스티누스의 금욕적 갈망은, 그의 영적인 이상과 일맥상통한다. 그는 설교와 편지에서 비행을 저지르거나 유약한 성직자들을 걱정스레 언급하고 있다. 그들은 교회 헌금 장부를 조작하거나, 손님을 환대해야 한다는 의무를 핑계로 술에 치명적으로 약한 모습을 드러내거나, 영적 고통 속에 있는 여성에게 위안을 주겠다고 생각 없이 포옹해주고는 관계가 거기에서 멈추지 않는다는 것을 뒤늦게 깨달은 사제들이었다. 이들을 처벌해야 하는 임무는 그에게 내적인 고통과 압박을 주었다. 그러나 그는 그저 원만하다는 이유로 주교를 칭찬하는 사람들이 다만 사악한 사람들일 수 있다고 확신했다(P128. 4). 넓은 아량으로 묵인한다는 것은 자신의 소명을 저버리는 확실한 표징이었다.

아우구스티누스는 망설이는 목소리로 교회 공동체 안에 있는 세속성에 대해 말했다. 한편으로 그는 비신자 또한 현세의 삶에서 완덕에 이를 수 있다는 것과, 그럼에도 많은 이들이 약점과 실패로 괴로워한다는 것을 거리낌없이 인정했다. 그러나 다른 한편으로, 세례받았지만 신의 은총을 자신의 삶에 분명하게 받아들이지 않는 '이름뿐인 그리스도인들'에 대해 말하면서, 그들은 참된 신자들이 아니며 하느님의 선택된 백성에 들지 못하리라고 했다. 마찬가지로 주교단 안에도 세속적 지위와 덧없는 명예를 꿈꾸는 매우 속되고 열등한 인간들이 있긴 하지만, 이들은 본질적으로 추수 때 쓸모없고 해로운 것들이라 해서 태워질 때까지 남아 있을 가라지들이었다.

금욕적인 삶에 기탄없이 투신한 아우구스티누스는 이러한 삶이 아프리카의 교회들에 스며들기를 바랐다. 그는 도시의 성직자들이 가족들과 함께 살지 말고, 성직자 공동체에 모여 살기를 바랐다. 물론 그가 모든 그리스도인들이 수도자가 되기를 기대했던 것은 아니다. 그러나 그는 '평범한' 그리스도인들에게도 엄격한 금욕에 감동받아 매우 절제된 삶을 살아가기를 부탁했다. 그리스도는 그를 따르는 이들 모두에게 핵심이 되는 계율들을 주었지만, 복음서에는 완벽해지려 하거나, 더 높은 경지에 이르길 열망하는 이들을 위한 '조언'이나 충고도 있다. 아프리카 교회들과 또다른 곳들에 파견된 선교사들은 보통 극도의 단순함 속에서 독신으로 살아가는 금욕주의자들이었다. 아우구스티누스는 그들에 대해 말할 때 '거룩함과 영광의 불꽃들'이라는 강력한 표현을 썼다(C xiii. 25).

그러나 그는 수도자들이 세상 밖으로가 아니라 교회 밖으로 부름받은 양, 전체 교회와 따로 떨어져 성소를 받았다고 생각하는 당시의 경향을 크게 반대했다. 그는 수도자들이 그들을 필요로 하는 곳에서 주교나 교구 본당신부로 봉사해달라는 교회의 요청을 거절해서는 안 된다고 강하게 느꼈다. 수녀들은 병든 이들을 돌보고 버려진 아이들을 구하는 특별한 사회적 역할을 담당했다. 고대에는 특히 여아들이 유기되기 쉬웠다. 그러나 셋째나 넷째 아이를 가지면서 경제적 재난에 처하게 되었음에도 먹여 키울 여력이 없는 아이들을 노예 상인에게 팔아버리겠다고 독하게 마음먹을 수 없는 극도의 빈곤 가정들도 많았다. 버려진 아이들과 고아들은 주교들이 돌봐야 할 특별 대상이었으며, 교회 헌금함만이 유일하게 사회복지란 것을 제공하는 재원이었다. 충분치 않은 재원은 아우구스티누스에게 늘 근심거리였지만, 적어도 전혀 없는 것보다는 나았다. 필수적이고 실질적인 임무들은 그의 수녀들이 맡아주었다.

4세기 후반에 성직자는 결혼하지 않거나 적어도 부인과 함께 살지 않는다는 기대가 커져가고 있었음이 아우구스티누스의 몇몇 저술에서 드러난다. 그 동기는 주로 금욕에 관한 것이었지만, 고대사회에서 가정생활을 포기함으로써 따라오는 더 큰 권위도 부분적으로 관련 있었다.

아프리카 가톨릭교회에서는 제도적 요소로서 수도원 공동체가 무척 새로운 것이었고, 아우구스티누스의 과거 행적에 대한 우려가 여전히 있었으므로, 많은 이들은 그가 마니교를 은밀하게 선전하는 것이 아닌지 의심했다. 아우구스티누스는 전 생애에 걸쳐 이러한 비난을 여러 형태와 형식으로 맞닥뜨렸다. 히포에서 사제로 일했던 오륙 년 동안 그는 주로 반反마니교 논쟁에 대한 집필에 힘을 쏟았다. 그는 먼저 창세기의 권위를, 그다음에는 교회의 권위를 입증하는 작업에 착수했다.

마니교 신자들은 예민한 윤리학적 문제들 또한 제기했다. 그들은 이스라엘 선조들의 일부다처제나 보복성 윤리를 트집 잡았다. 이에 대해 아우구스티누스는 시대와 장소에 따라 도덕적으로 적절한 일이 바뀔 수 있다는 것을 인정했다. 사람들이 종종 생각하는 것처럼 윤리적 계율들이 절대적이어야 하는 것은 아니다. 황금률(다른 이들이 네게 하기를 바라지 않는 일을 다른 이들에게 하지 말아라)은 절대적이다. 그러나 황금률을 서로 다른 상황에 적용할 때는 다양한 해답이 나올 수 있다. 게다가, 윤리적 행위에 가치를 부여하는 것은 그 행위의 동기와 도덕적 결과다. 하나의 행위는 외적으로 드러나는 사건으로서 그 자체로는 중립적일 수 있다. 성교는 어떤 맥락에서는 좋고 옳은 것이며, 실제로 긍정적인 의무이기도 하지만, 다른 맥락에서는 매우 그릇된 행동이 된다.

그러나 아우구스티누스는 피델리오(베토벤이 유일하게 작곡한 오페라의 주인공. 원래는 레오노레라는 이름의 여성이었으나, 남편이 누명을 쓰고 감옥에 갇히자 피델리오라는 가명으로 남장하고 감옥에 들어가 교도관의 조수로 일한다—옮긴이)와 같은 예외적이고 드문 상황들까지 생각해볼 수 있음을 인정했다. 피델리오는 사랑하는 남편을 죽음에서 구하고자 남편의 원수와 동침하는 데까지 나아가지만, 그것이 남편에 대한 절개를 지키는 행위가 되고 그를 석방시키는 수단도 된다. 로마법과 여론과 성경은 모두 남자가 여자옷을 입지 못하게 했다. 그러나 전시에 적진을 통과하려고 변장한 경우라든가, 갑작스레 몹시 추워진 날씨에 달리 입을 것이 없는 상황에서라면 이에 대해 이의를 제기하지 않았다. 무엇이 옳은가를 판단할 때는 상황을 고려해야 한다. 물론 아우구스티누스는 예외적이고 특이한 사례들에서 실천적 도덕규범을 끌어낼 수 있다고 생각하지는 않았다.

　수단과 목적 사이의 구분은 그에게 가장 중요하게 여겨졌다. 수단이 목적으로 다뤄지거나 그 반대일 때 곧장 불의가 일어나는 것이다(F 22. 78). 둘 사이의 구분은 우리가 딛고 영원으로 올라야 하는 계단으로, 시간과 역사에 대한 개념에도 적용할 수 있었다. 시간 안에 있는 선한 것들을 추구할 뿐, 영원한 선을 망각한 채 이 세상의 목적을 이루려는 도구로 영원한 선을 다루는 것은 분명 비윤리적인 행동이다. 친구들을 '하느님 안에서 사랑받기'에 충분한 존재들로 존중하지 않는다면 그저 자신의 발전을 위한 도구로 이용하는 것일 수 있다. 인간의 궁극적 목적은 영원히 신을 향유하는 것이다. 따라서 아우구스티누스는 목적과 수단의 구분을 '향유와 사용' 사이의 구분이라 해석했다.

　아우구스티누스의 윤리학과 심리학에서 중심 개념이자 주제는 의지다. 의지가 어떻게 작동하는가는 매우 설명하기 어렵다. 그러나 주어진 문제에 관심을 돌리도록 하는 의지의 결정이나 승인이 없으면 사람은 아무것도 이해하거나 지각할 수 없고, 과학적 지식을 얻을 수도 없으며, 신앙에 이를 수도 없다. 의지는 개인의 인격에서 가장 중심에 놓여 있다. 의지는 언제나 사랑의 대상을 향한다. 추가 잡아당기는 것처럼 사랑은 영혼을 어디로든 끌고 다닌다(C xiii. 10). 사랑은 그 대상 안에서 이루어지는 탐구이며, 그 안에서 얻는 기쁨이다(S159. 3). 그러므로 인류에게 주어진 거대한 도덕 문제는 우리가 사랑하는 대상(들), 달리 말하자면 개인이나 사회가 지극히 중요하게 여기는 것에 관한 문제다. 로마 사회와 정부에 대한 아우구스티누스의 윤리적 비판들은 대부분 형법의 더욱 잔인한 집행이나 사람들이 돈 쓰는 방식에 관한 것에 관련되어 있다. 거기에 한 사회의 도덕적 가치들이나 '사랑들'이 벌거벗겨져 드러나기 때문이다.

아우구스티누스 이전에 플로티노스가 이미 악의 원인은 '내적인'(곧 비물질적) 선을 거부하고 외적이며 열등한 선을 선호하는 의지의 전도轉倒에 있다고 보았다. 아우구스티누스는 인간의 딜레마란 자신이 해야 할 일을 알면서도 의지가 너무 약해 행하지 못하는 것으로 이해했다. 물론, 의지는 선택을 위해 제대로 작동하지만, 무엇이든 편안하고 즐거운 선택지들이 선호되기 마련이다. 늘 불안해하며, 찾을 수 없는 곳에서 행복을 찾고, 마음이 병들었다는 것뿐 아니라 자기 자신이 바로 그 병의 원인이라는 것을 알고 있는, 바로 그 인간 본성의 문제가 여기에서 비롯된다(C x. 50).

제 6 장

고백

아우구스티누스에게 사제 서품을 주었던 히포의 노老주교
는 다른 교구에서 그를 데려가 주교로 삼지 않을까 염려했
다. 그래서 그는 누미디아 총독을 설득해 아우구스티누스를
히포의 보좌주교로 축성했다. 아우구스티누스의 주교 임명
은 (교회법상 변칙적이었기 때문에) 논쟁거리가 됐다. 마니교
신자였던 전력과 그의 영특함 때문에 사람들은 그를 불신했
다. 히포의 사람들은 책을 읽지 않았다. 누미디아의 신자들
은 지적으로 뛰어난 인물이 주교좌에 앉기를 바라는 사람들
이 아니었다(아우구스티누스는 글을 읽지 못하는 주교들이 교육
을 좀 받았다는 사람들 사이에서 조롱거리가 된다는 것을 언급했
다. CR 13.). 아우구스티누스의 존재는 우려를 낳았다. 그는

공개 토론장에서 그의 적수들을 쳐부순다고 알려져 공포의 대상이 되었다. 또 어떤 이들은 밀라노에서 이루어진 그의 개종이 진실한 것이었는지 의심했다.

주교로서 보낸 첫 3년 동안, 아우구스티누스는 그의 걸작인 『고백록』(고백이란 말은 찬양과 참회의 이중적 의미가 있다)을 썼다. 이 작품은 열세 권으로 된 산문시이며 신에게 말을 건네는 형식으로 이뤄져 있다. 이는 그가 이성과 나누는 대화로 썼던, 매우 신플라톤주의적인 작품 『독백록』을 심오하게 변형한 것이다. 이 작품에서 벌어지는 논쟁의 표적이 있다면, 마니교 신도들일 것이다. 가톨릭교회 안에 있으면서 아우구스티누스의 성경 주해를 엄격하게 비판했던 이들에 대한 어두운 암시들이 있지만, 그들이 누구인지는 전혀 밝혀지지 않았다. 종파분리적 도나투스파는 무대에 잠깐 등장하는 행인 역할에 그친다.

앞에 있는 아홉 권은 어머니 모니카의 죽음에 이르기까지를 자서전 형태로 썼다. 특히 9권은 그의 정신의 성장 과정에 관한 내용만큼이나 어머니와 모자 관계를 다뤘다. 뒤에 있는 네 권은 과거 이야기가 아니라, 주교이자 성경 해설자로서 현재 관심사들에 대해 설명하고 있다. 이 책들은 기억, 시간, 창조에 대한 신플라톤주의적 분석들과, 그의 역작인 창세기 1장 주해로 이루어져 있다. 아우구스티누스는 창세기 1장을 교회와 성경과 성사의 본질에 대한 알레고리로 절묘하게 해석했다. 뒤의 네 권에서 더욱 신학적인 표현으로 다시 서술된 주제를, 앞의 자서전 부분이 설명해 보여준다. 이성적 피조물은 외적인 것들을 더 좋아하고 행복이 육체적 만족으로 이루어진다는 망상에 젖어 신에게 등을 돌렸다. 그 결과, 돼지 먹이를 먹는 지경까지 이르렀던 탕자처럼 영혼은 원래의 층위에서 몰락해 붕괴되었다. 그러나 자아의 가장 깊은 심연('기억'은 정신의 표면에 있지 않은 것 전체를 아우르는 아우구스티누스의 용어다)에서, 영혼은 다시 통합돼 완전해지기를 바라는 갈망을 간직하고 있다. 이 갈망은 하느님의 사랑 안에서, 그리고 그 사랑을 선포하시는 중개자 그리스도의 모범과 속죄 안에서 실현된다. 하느님은 하느님 자신을 향하도록 우리를 만드셨으며, 그러므로 우리 마음은 그분 안에서 안식을 구할 때까지 고요할 수 없다.

『고백록』은 아우구스티누스의 개종에 대한 이야기를 들려준다. 밀라노의 정원에 있었던 장면은 문학적 반향들로 이루어진 풍성한 모자이크를 통해 이야기된다. 이후에 얼마 지나지 않아 쓰인 카시키아쿰 대화편들과 견줘보면, 『고백록』의 회상이 외견상 반쯤 시적으로 보이긴 하지만 핵심 내용은 신뢰할 만하다는 것을 알 수 있다. 첫눈에는 폭풍같이 열정적인 『고백록』과 차분하고 관조적인 카시키아쿰 대화편들의 분위기가 대비되는 것처럼 보인다. 분위기의 차이에 처음 주목한 것은 아우구스티누스 자신이었다. 카시키아쿰 대화편들의 점잖은 어조가 너무 세속적이고 현학적이라고 생각했던 것이다. 하지만 카시키아쿰 대화편들의 본문이 『고백록』보다 더 플라톤주의적이라고 보는 건 터무니없다. 『고백록』에도 플로티노스와 포르피리오스의 영향이 거의 모든 곳에 편재해 있다. 그러나 카시키아쿰 대화편들을 썼던 때부터 13년의 세월이 지났으며, 아우구스티누스는 이제 그의 신자들에게 말씀을 전하고 성사를 베푸는 책임을 맡고 있다. 『고백록』은 그와 사도 바오로의 관계가 더욱 깊어졌음을 보여준다.

아우구스티누스는 로마서 7장의 도덕적인 내적 갈등이 아직 은총 안에 들지 못한 일반적 인간의 모습을 개인의 초상으로 표현한 것일 뿐 아니라, 정말 드물게도 아우구스티누스 자신과 같이 둘로 나뉜 마음을 지니고 있었던 바오로의 자화상이었다고 확신했다. 사람은 하느님이 지상에 창조하신 피조물 중에 가장 고귀한 존재로서 특출난 지성과 함께 사회적으로 협력할 수 있는 능력들을 부여받았으나, 내적 타락에 의해(CD xii. 28) 그리고 의지의 도착倒錯에 의해 악습 안에 갇혀버림으로써 반사회적으로 변해버렸다. 지고한 질서와 아름다움의 우주에서 인간성과 그 이기심은 불협화음을 낸다. 사람 마음의 병적 상태는 다른 사람의 불행을 알게 되었을 때 느끼는 짧은 순간의 쾌감이나, 그저 금지되었다는 이유로 그 자체로 즐겁지도 않은 일을 하고 싶어하는 욕구에서 잘 드러난다. 아우구스티누스는 금지된 일을 하려는 욕구를 강조하며 자신이 십대 시절에 먹고 싶지 않으면서도 그저 일탈이라는 이유로 배를 훔쳤던 일을 예로 들었다. 아담과 이브가 선악과를 따 먹던 장면이 반복해 재현된 셈이다. 그는 자신의 이야기가 결국 모든 이들의 이야기라고 보았다.

처음 보았을 때 『고백록』의 구조는 독자들을 어리둥절하게 한다. 자서전 격의 아홉 권이 어머니의 죽음과 장례에 대한 감동적인 묘사로 절정에 이르면서 끝난 뒤에, 갑자기 기억과 시간과 창조에 관한 이야기가 이어지기 때문에 이를 예상치 못한 독자들을 당황하게 만든다. 실제로 뒤에 있는 네 권의 책들은 작품 전체에 대한 길잡이 노릇을 한다. 아우구스티누스는 자신의 이야기가, 혼돈과 무정형의 심연으로 떨어졌다가 향수어린 고통을 경험하면서 신의 사랑을 향한 피조물의 질서로 돌이켜 '회심'하는 모든 피조물의 이야기를 드러내는 축소판이라 보았다. 전반부 아홉 권에서는 아우구스티누스가 개인적으로 직접 경험하고 탐구한 탕자 이야기가 전개되고, 후반부 네 권에서는 그 이야기에 우주적 차원을 부여한다. 자서전 부분은 '부동성(不同性, dissimilarity)의 영역'(신의 영역에서 멀리 떨어진 물질 영역을 가리키는 플라톤의 용어)에서 집을 잃고 방황하는 인간 영혼에 대한 우연적 예화로서 서술되었다. 방황하는 이는 물 없는 사막의 목마른 여행자, 또는 먼 곳의 임을 그리는 연인과도 같다(P62.5~6).

생애 전반에 걸쳐, 아우구스티누스는 인간 본성을 이해할 수 있는 특별한 원천으로서 유아의 행동을 연구하는 데 특별히 관심을 기울였다. 『고백록』에서 그는 인간이 완전히 순수한 상태에서 삶을 시작하는 것이 아니며, 태어날 때 끌고 나오는 영광의 구름은 이내 어른들의 환경 속에서 어두워지고 만다는 것을 보여주고자 했다. 그가 생각하기에, 강보에 싸여 누워 있는 아기보다 더 이기적인 피조물은 없었다. '아기들이 해를 가하지 않는 것은, 그럴 힘이 없어서이지 그럴 마음이 없어서는 아니다.'(Ci.11) 상거래를 하면서 완강하게 서로 밀고 당기는 어른들의 인간 군상을 이해하려면 놀고 있는 어린아이들을 보는 것만으로 충분하다. 그다음에는 학교 교육이라는 고난이 뒤따른다. 정신의 능력들을 습득하는 일은 타락한 아담이 저주받아 등뼈가 휘도록 노동하게 된 것만큼이나 고생스럽다. 아우구스티누스는 지적 노동의 수고가 더욱 심하다는 점을 지적했다. 육체노동자들은 적어도 잠은 잘 자기 때문이다.

5. '부동성 영역'에 있는 성 아우구스티누스(필사본 삽화, 메디체아 라우렌치아나 도서관Biblioteca Medicea Laurenziana, 피렌체, 15세기)

우정이란 이 거친 세상에 하느님이 주신 선물이다(CDxix. 8). 아우구스티누스에게는 어머니 모니카가 최고의 친구였다. 그는 어머니의 사랑과 기대와 집착에 분명 세속적인 요소가 들어 있음을 알았다. 시온의 시민이긴 했지만, '어머니는 여전히 바빌론의 교외에 살았다'. 그러나 그는 자신의 어머니를 향한 감사와 사랑으로 고양된 표현들을 어머니 교회(그리스도교에서 신자들을 품어주는 보편 공동체로서 교회를 이르는 표현—옮긴이)에 대해 말할 때도 썼다. 『고백록』은 죽음이 임박한 어머니 모니카와 아우구스티누스가 오스티아에서 함께한 신비체험을 묘사하는 9권에서 절정에 이른다. 두 사람은 제 나름의 아름다움과 영광을 지니고 있으나 신의 영원한 지혜에 반대되는 지상 만물의 무상함에 대해 이야기했다. 한순간 두 사람이 나누던 대화가 시간을 초월하는 세계로 그들을 잡아 이끄는 것처럼 느껴졌다. 아우구스티누스는 그때 두 사람이 사용했던 표현을 책에서는 그대로 쓰지 않았다고 분명하게 언급했다. 이 부분에는 플로티노스에서 끌어온 구절들이 많으며, 이는 그의 경험을 이야기할 수 있는 표현들을 신플라톤주의자들이 제공했음을 보여준다(Cix. 24~25).

10권에서 기억을 다루는 대목은 『고백록』에 나오는 가장 심오한 분석에 해당한다. 이 부분의 논의는 아리스토텔레스나 플로티노스 모두에게서 독립되어 있다. 자아의 동일성과

6. 〈성 아우구스티누스와 성 모니카〉(아리 셰퍼Ary Scheffer, 1854년)

연속성은 기억에 근거하고 있는 것으로 이해된다. 기억은 정신의 층위 중 하나로서, 시간의 흐름에서 다양하고 분절된 경험들을 통합시켜준다. 기억은 앎과 의지보다 더 깊은 곳에 놓여 있으며, '정신의 위장胃腸'(Cx.21) 곧 의식 속에 오직 잠재적으로만 존재하는 저장고다. 인류의 보편적 행복 추구를 통해, 기억은 또한 개인이 은총에 응답하는 매개체가 되기도 한다(Cx.29). 아우구스티누스는 은총과 동떨어진 자연 상태의 인간에 대해, 그의 인격이 지닌 의식의 차원들 속에서 하느님을 부정하거나 무시할 때조차도 그 무의식 속에 이미 하느님이 있다고 말하지는 않았다. 하느님을 기억하는 것은 의지의 의식적 행위, 곧 결정이다. 하느님에 대한 사랑은 '규정할 수 없는 느낌이 아니라, 의식의 확신'이다(Cx.8).

그러나 그는 하느님이 '기억'의 가장 깊은 심연이 아닌 다른 곳에서 발견된다고 생각하지 않았다. 순종 안에서 삶을 질서 있게 정리하려는 사람의 정신에 현존하는 기억의 심연에서 하느님은 발견된다(Cx.37). 이러한 생각은 『고백록』의 가장 유명한 구절 중 하나를 떠오르게 한다. '마침내 나는 당신을 사랑하게 되었습니다. 그토록 오래되었으면서도 늘 새로운 아름다움이신 당신을.' 그리고 다음과 같은 선언이 뒤따른다. '당신은 절제를 명하시니, 당신이 명하시는 바를 주시고 당신이 의도하시는 바를 명하십시오.'

기억에 관한 내용에 이어서 10권에서는 이제 주교가 된 아우구스티누스가 오감을 통해 자신의 정신에 폭탄처럼 떨어지는 유혹에 맞서 스스로 얼마나 제어할 수 있는지 시험하는 내용이 나온다. 이런 내용은 포르피리오스의 저술 중 현전하는 텍스트와 매우 유사하다. 『고백록』에서 다루는 문제는 감각이 지각하는 데 있지 않고 마음이 동의하는 데 있다. '내가 나 자신의 문제가 되었다.'(Cx.50) 10권의 마지막 부분은 성찬례에서 서약하는, 용서하시는 하느님의 은총에 자신을 내어 맡긴다는 고백—매우 비非플라톤적인 주제—으로 끝맺는다. 하지만 그뒤에는 시간의 본성에 대한 정교한 분석이 이어진다.

시간이란 신플라톤주의 철학들의 의제 중에서 주요한 주제였는데, 이것은 플라톤이 『티마이오스』에서 영원에 대해 언급한 내용 때문이기도 하고, 아리스토텔레스의 『자연학 Physike akroasis』 4권에 시간은 비현실임을 보여주는 역설들이 실려 있기 때문이기도 했다. 아리스토텔레스는 이에 관한 질문이 복잡하다는 잠재적 인식을 물려주었다. 아우구스티누스는 '나는 누군가 내게 물어볼 때까지만 시간이 무엇인지 알고 있다'(Cxi. 17)라고 말했다. 플로티노스 또한 덜 날카롭기는 하지만, 같은 내용을 이야기했었다. 아우구스티누스는 자아가 시간을 초월해 영원하다고 주장하지 않았다는 점에선 플로티노스와 달랐다. 영혼은 무에서 창조된 것이다. 영혼은 그 출발점부터 연속의 과정에 얽혀 있다. 그러나 그렇다면, 구원이란 것이 시간으로부터의 구출인가 하는 의문이 생기는데, 이는 시간과 공간을 모두 초월하는 영원불변의 하느님이 인류를 구원하고자 시간 안으로 들어와 활동했다고 믿는 그리스도교 신학자에게는 아주 민감한 질문이었다. 아우구스티누스는 분명 아리스토텔레스의 역설, 특히, 과거가 더는 존재하지 않으며, 미래는 아직 존재하지 않고, 현재는 시간에 대한 우리의 개념들이 필요로 하는 연장延長을 갖지 않는 순간일 뿐이라는 주장을 잘 알고 있었을 것이다.

플라톤은 과거, 현재, 미래가 영원의 동시성을 모방하려는 시간의 형식들이라고 말했다. 플라톤주의 철학자들은 대부분 시간을 천체의 운동에 따라 정의되는 것이라고 이야기했다. 이와 달리 플로티노스는 시간을 심리적 관점에서 보고, 삶이 어떤 상태에서 다른 상태로 이동하면서 겪게 되는 영혼의 경험이라 정의했다.

아우구스티누스는 우리가 보통 해와 달을 통해 시간을 헤아릴 수 있다는 것을 당연히 알고 있었다. '1년은 365.25일이며, 이 0.25일 때문에 4년마다 윤일閏日을 집어넣어야 한다.'(GL ii. 29) 그러나 『고백록』에서 시간에 대한 분석은 영원한 존재에 대한 시간을 초월한 인식으로서 신비주의의 맥락 안에 놓여 있다. 그래서 그는 시간을 천문학적 관점이나, 그 어떤 물리적 대상의 움직임에 따라 정의하기를 원치 않았다. 연속성과 다수성은 역사의 흐름 속에서 영혼이 경험하는 것일 뿐이다. 플라톤 철학의 구조에서 다수성은 열등하다는 표시이므로, 우리가 처한 인간 조건의 무상함과 죽을 운명은 어떤 의미에선 고통스러운 것일 수밖에 없다. 시간은 변화를 전제하며(Cxi. 9), '변화는 일종의 죽음이다'(Jo38. 10). 그러나 그 본질에서 시간은 정신의 한 차원이며, 피조물성에 부속된 심리적 조건이다. 실제로, 천사들 또한 피조물이므로 시간과 영원의 중간 어디쯤 존재할 따름이다. 그러나 하느님으로 눈길을 돌린다면, 그분은 변치 않으며, 그렇기 때문에 시간을 초월한다고 말해야 한다. 하느님은 과거와 미래를 알고 있으나, 우리가 연속성을 심리적으로 경험하면서 알게 되는 것과 같은 방식으로 아는 것이 아니다. 그러므로 엄격히 말하자면, 하느님의 예지豫知라는 말은 잘못된 것이다. 신은 과거와 미래를 알지만, 우리처럼 일렬로 늘어선 사건들로 아는 것이 아니다.

아우구스티누스는 이러한 내용을 바탕으로 하느님이 왜 하필 바로 그때 세상을 창조했나, 왜 더 일찍 창조하지 않았나, 세상을 창조하기로 결정하기 전에는 무엇을 하고 있었나 하는 의문들을 다뤘다. 이 의문들은 심각한 난제였다. 세상을 창조하기 전에 하느님은 이런 질문을 하는 사람들을 보내버릴 지옥을 만들고 있었노라는 익살스러운 대답이 경박하다며 아우구스티누스는 통탄했다. 창조 이전에는 시간이란 것이 있을 수 없다는 것이 그가 생각한 정답이었다. 시간과 창조는 동시에 시작됐다(창조를 몇 년 앞선 것으로 놓는다고 해서 문제가 달라지지 않는다. 창조가 한정된 시간의 길이만큼 먼저 일어났으리라 말하는 것은 명확한 의미 없이 단어들을 사용하는 것에 지나지 않는다).

이교도 지식인들은 그리스도교에서 신이 창조했을 때나, 육화했을 때나, 또는 청원 기도에 응답해줄 때나, 어느 때든지 자신의 마음을 바꾸거나 뭔가 새로운 일을 하고 있다고 상정한다며 공격했다. 그들은 어떤 특수성도 끼어들 가능성이 전혀 없는 우주의 무궁한 순환만이 신의 합리성과 조화를 이룰 수 있음을 자명한 공리로 보았다. 아우구스티누스의 눈에는 이러한 입장이 세계를 한정된 체계 안에 가둬놓는 것으로 보였다. 이교도의 우주에는 제한되고 상대적인 것만 있을 뿐, 무한이 들어설 여지가 없었다. 『신국론』 12권에서 아우구스티누스는 영원한 우주의 순환이라는 교의를 총공격했다. 그런 우주에는 창조성과 유일성, 신의 은총의 절대성이 들어설 자리가 없었다.

다른 한편으로 아우구스티누스는 여러 설교를 통해서 기

도란 하느님의 마음을 바꾸려 하느님에게 고해바치거나 아부하는 것이 아니라, 우리 의지를 하느님의 의지에 맞추려는 것이라고 훈계했다. 하느님의 의지와 목적은 '영원불변'하다. 하느님만이 아니라, 사실은 사람도 장기 계획에 대한 일관성을 잃지 않으면서 자신의 의도를 바꾸지 않고도 어떤 것을 변경하려 할 수 있다. 게다가, 아우구스티누스는 청원 기도에 실망이 따를 수 있다는 위험을 아주 깊이 인식하고 있었다. 실망할 때면 우리가 종종 잘못된 것들을 사랑한다는 사실을 돌아보고, 그럴 때 우리의 기도에 하느님이 긍정적으로 응답해주신다면 이는 오히려 하느님의 진노를 드러내 보이는 것일 수 있음을 숙고해야 한다.

자기중심적인 기도에 대한 응답은 그에 대한 징벌일 수 있다(P26.ii.7). 그는 지나친 신인동형론神人同形論의 위험성을 충분히 잘 알고 있었다. 이 세계에 하느님이 변함없이 현존함을 확신하며 그는 이렇게 썼다. '창조주는 인과율의 가장 깊고 가장 높은 지점에서부터 창조 질서를 유지하고 계신다.'(Tiii. 16) 시간과 역사의 진행 과정에 신의 숨겨진 지혜에 따른 중요한 전환점들이 있다는 사실을 이교도 철학자들은 보지 못했다(CD ix. 22).

아우구스티누스는 신이 세계와 맺는 관계에 대한 문제가 다음 두 가지 질문을 일으킨다고 보았다. (a) 창조는 필연적이고 거의 물리적인 방출 현상같이 자발적인 유출에 의해 유일선善인 신에게서 비롯하는 것인가. 그렇지 않다면 (b) 창조는 어떤 의미에서도 창조된 질서를 필요로 하지 않고 전적으로 자족적인 제1원인의 전능한 의지에 기인하는가. 전자는 빛의 분산이나 식물의 성장과 같은 물리적 유비를 사용하는 경향이 있다. 후자는 신의 특성으로서 전제적인 자의성을 찬양하는 듯 들린다. 창조란 신의 선이 흘러넘쳐 일어난 것인가? 아니면 설명할 수 없는 신의 의지에 따라 결정되어 이루어진 것인가? 아우구스티누스는 이러한 본성과 의지의 딜레마를 피하고자 자신이 할 수 있는 일을 다했다. 그는 플로티노스에게서 발견한 명제에 동조했다. 즉, 신 안에서는 본질과 의지가 분리될 수 없다.

그렇다면 기적에 대해서는 어떻게 말해야 할까? 아우구스티누스는 질서를 신의 섭리가 드러나는 최고의 예로 보았다. 그러나 전능한 창조주는 자연환경에 대해서만이 아니라 그가 자유롭고 합리적으로 창조한 세계의 특수한 경우에 대해서도 질서와 계획을 세워놓았을 것이 확실하다. 오류를 저지르는 인간에게 가르침을 주려는 신의 섭리에 따라 범상치 않은 사건들이 일어날 수 있으며, 우리는 그런 사건들을 기적이라 부른다. 그러나 영적인 그리스도인은 물리적 기적들을 추구하지 않는다. 통회痛悔와 믿음이라는 내적 변화보다 더 큰 기적은 없다. 사도 시대 이후에 신약성경 속 기적들에 상응하는 것으로서 갓 태어난 교회를 감싸줄 강보 (PMii. 52)가 될 만한 것은 세례성사와 성체성사에서 찾아야 한다(B iii. 21). 하지만 아우구스티누스는 노년기에 이러한 입장을 수정하게 되었다. 아프리카 순교자들을 기리는 여러 성지에서 치유의 기적이 일어나고 있었다. 대중적인 신심에서는 (사기꾼들이 속여서 파는 것이었지만) 성인들의 유물이나 이스라엘 성지에서 가져온 흙, 스테파노 성인의 성지에서 가져온 성유 등을 소중히 여겼으며, 실제로 어떤 성인들의 유해는 아프리카까지 오기도 했다. 하지만 성숙한 신앙을 가진 사람일수록 눈에 보이는 이적들을 덜 찾게 되는 법이다(PM ii. 52). 아우구스티누스는 자신을 따르는 이들이 특별한 신의 섭리를 구하는 것을 장려하지 않았다. 성사만으로도 충분했다.

아우구스티누스는 청원 기도나 기적이 신의 정신과 그 목적의 변화를 수반하는 것으로 보지 않았다. 그는 생활에 필요한 것들이나 육신의 건강, 많은 자녀를 얻을 수 있도록 신께 구하는 것을 수준 높은 기도라고 생각하지도 않았다. 하지만 그렇다고 해서 이런 청원 기도를 두고 유산상속을 바라며 다른 친척이 죽기를 바라는 것과 같이 무가치한 기도로 취급한 것은 아니었다. 그처럼 기본적인 청원 기도는 그모든 것이 이교도들의 열등한 여러 신들에게서가 아니라, 한

분이신 하느님에게서 오는 선물임을 알고 인정하는 것이었
다(P66. 2). 그러나 화살기도와 같이 짧은 순간에 즉각적으
로 하는 기도를 제외하고, 기도는 침묵 속에서 홀로 해야 하
는 것이었다(QSii. 4.4). 청원 기도에 대해 포르피리오스는 우
발적 사건이나 우연이 신의 섭리 안에 미리 결정되지 않은
채로 남아 있다는 (아리스토텔레스적인) 결론이 이어지기 마
련이라고 주장했지만, 아우구스티누스는 이를 따르지 않았
다. 하느님은 원인과 결과를 모두 결정해놓았으나, 하느님이
들어주는 기도들은 하느님이 자신의 의지를 실현하고자 사
용하는 부차적 원인들에 속한다는 것(Oii. 51)이 아우구스티
누스의 생각이었다.

제 7 장

―――――――――――――――――――――――

일치와 분열

디오클레티아누스황제 치하에서 대大박해(303)가 일어난 뒤에 아프리카의 교회들은 분열되었다. 그들은 어떤 지점에서 세속 권력과 타협할 수 있는지 없는지를 두고 의견이 갈렸다. 아프리카의 그리스도인들은 종말론적인 믿음들을 강하게 지니고 있었다. 그들은 요한묵시록을 읽고 그리스도가 문자 그대로 지상에 돌아와 성도들과 함께 천 년 동안 다스리실 거라고 믿었다. 아우구스티누스 자신도 처음에는 이 교의를 믿었으나 나중에는 이 천년왕국이 천국을 비유적으로 드러낸 것이라 해석했다. 종말론적인 믿음들은 공통으로 덕의 실천자로서 제국 정부에 대해 매우 부정적인 견해를 동반했다. 누미디아의 소규모 자작농들과 소작농들 사이에서는 비관적인 생각들이 쉽게 퍼져나갔다. 그리스도인들이 모여서 예배드리는 것을 금하고 경전經傳과 제기祭器를 몰수하라고 명하는 이교도 황제의 칙령이 내려지자 열렬한 그리스도교 신자들은 400년도 더 전에 안티오코스 에피파네스 황제(기원전 2세기 셀레우코스제국의 황제로 유대인들을 박해했다―옮긴이)에 대항해 싸운 마카베오 형제들의 영웅적 이야기를 공부했다.

그러나 윤리적 판단을 두고는 강경파와 온건파가 첨예하게 나뉘었다. 강경파에서는 세속 권력과 협력하는 것을 절대적으로 거부했다. 온건파에서는 충돌이 계속되길 바라지 않았으며 다만 적당히 덕을 행하며 조용히 살기를 바랐다. 온건파에는 카르타고의 주교와 그 보좌주교가 속해 있었는데, 이들은 열성분자들이 화를 불러일으킬 뿐 아니라 순교자나 '증거자confessor'(총독 앞에서 신앙을 고백하여 고문과 투옥을 겪었으나 순교라는 최상의 선물을 받지는 못한 이들을 가리키는 초기 그리스도교의 용어)의 칭호를 얻을 자격이 없다고 보았다. 박해가 일어나기 전에도 이미 아프리카의 그리스도인들 사이에서는 악마의 타락한 성채와도 같은 이교도들의 신전을 파괴하는 행위가 옳은 것인지, 아니면 그러한 행위가 이교도들 사이에서 교회에 대한 증오만 불러일으키고 이교도들의 신실한 의도마저 존중하지 못한 것인지를 두고 심각한 의견

충돌을 빚었다.

311년 카르타고의 주교가 죽자 온건파는 행동을 서둘렀다. 그들은 주교 세 명을 불러모아 보좌주교에게 안수해 주교직을 잇게 했다. 후계 주교 서품을 주도적으로 이끈 사람은 8년 전 당국에서 경전과 제기를 몰수할 때 거기에 굴복한 주교들 중 하나로 여겨졌다. 강경파에서는 누미디아의 대주교와 그를 지지하는 주교들을 끌어들여 또다른 주교를 서품했다. 쉽지 않은 협상이 진행되었으나, 누미디아의 대주교가 내세운 주교는 지중해 북쪽의 교회들이나 콘스탄티누스황제에게 인정받지 못했다. 이때부터 이슬람이 아프리카를 점령할 때까지 이 두 경쟁 집단이 각자 주교단을 유지한 채, 같은 신앙고백을 외고 같은 성사와 전례를 행하며 병존했다. 모든 도시와 마을에 서로 맞서는 두 개의 제단이 세워졌다.

누미디아 일파는 카르타고에서 그들이 주교로 세운 도나투스Donatus가 이끌게 됐다. 도나투스파派라고 불린 이들은 누미디아의 도시와 시골 모두에서 소수였던 가톨릭 공동체를 거부했으며, 세속 정부의 꼭두각시, 정치적 목적을 위한 도구, 세상과 계속 타협하여 오염된 자들이라며 경멸했다. 도나투스파는 가톨릭교회의 성사가 지닌 유효성과 순수성을 전혀 인정하지 않았으므로, 그들이 보기에 아우구스티누스는 종파분리적인 이단 평신도에 지나지 않았다. 두 집단

아우구스티누스 | Augustine

158

사이의 불신과 원한은 뿌리가 깊어졌다. 양쪽 모두 두 집단 사이의 혼인을 말렸고 이를 금지하는 법안을 제정했다. 가정이 분열하는 것은 매우 흔한 일이었다. 아우구스티누스 자신에게도 도나투스파에 속하는 사촌이 있었다.

도나투스파는 자신들이야말로 하느님의 성전인 교회의 진정한 거룩함과 의례의 순수함을 수호하고 있노라고 열정을 다해 주장했다. 자신들의 순수한 교회 바깥에서 이루어진 성사를 인정하지 않는 그들의 입장을 정당화하고자 그들은 성 키프리아누스Cyprianus의 저작에 기댔다. 258년 순교한 카르타고의 주교 성 키프리아누스는 로마제국 치하의 아프리카에서 가장 위대한 그리스도교 영웅이었다. 가톨릭교회에서는 자신들만이 유일하게 참된 교회라고 주장했지만, 도나투스파에서는 이를 결코 받아들일 수 없었다. 그들이 배교背教라는 엄청난 죄를 묵인했기 때문이다. 카르타고의 가톨릭교회 주교는 말할 것도 없고, 로마의 주교(가톨릭교회의 교황을 말한다—옮긴이) 또한 아프리카 가톨릭교회 신자들을 지지한다면(실제로 그러했다) 자신이 앉아서는 안 될 하느님의 성소聖所에 앉아 있는 적敵그리스도의 하수인일 뿐이었다. 도나투스파의 일부는 가톨릭교회의 미사를 두고, 거룩한 성찬례가 거행되는 것이 아니라 형언할 수도 없는 신성모독이 이루어지는 타락한 예식이라고까지 말했다. 도나투

스파 사람들은 되도록 가톨릭 성직자들과 거래하지 않으려
고 들었다.

하느님이 그분의 보편 교회가 제국의 작은 지역으로 축소
되기를 의도하셨을 리 없다는 비판에 대해, 도나투스파에서
는 특수성이야말로 육화의 원칙이라고 응수했다. 아울러, 도
덕적인 사안들에서는 일반적으로 소수에 속한 자들이 옳았
으며, 침묵하는 다수는 줏대 없이 타협하는 자들이라고 했
다. 무엇보다도 교회의 거룩함은 교회의 일치와 단일성에 우
선하며 그 근간이 된다고 했다. 도나투스파와 가톨릭교회 모
두 노아의 방주가 단일한 그리스도의 교회를 통한 구원의
예표를 보여준다는 데는 동의했다. 도나투스파에서는 그 방
주 안에 사람은 오직 여덟 명만 탔다는 점을 만족스럽게 생
각했다.

아우구스티누스는 주교가 된 뒤, 두 집단이 지난 85년 동
안 서로에 대한 적대감과 절대적 불신에 무감각해졌다는 것
을 알게 됐다. 도나투스파의 원한은 가톨릭교회 건물이나 성
직자들에게 무시무시한 폭력을 휘두르는 방식으로 굳건히
유지되고 있었다. 이전에 이교도 신전을 공격하던 열성분자
들은 이제 가톨릭 성당들을 새로운 목표물로 삼았고, 불쌍한
가톨릭 주교가 너무 어리석어서 쓸모없다는 듯이 가톨릭 주
교의 머리 위에서 나무 제단을 박살내곤 했다. 불구가 되거

나, 석회와 식초를 맞아서 눈이 멀거나, 정말로 살해당한 가톨릭 성직자들의 명단이 짧지 않았다. 아우구스티누스 자신도 길잡이가 길을 잘못 든 탓에 그를 영원히 침묵시키려는 도나투스파 복병에게 공격받았다가 간신히 도망친 적이 있다. 하지만 도나투스파 주교들은 폭력 사용에 대해 공개적으로 개탄했다. 폭력 사건은 대부분 시골 지역 성직자들이 꾸민 일이었다.

아우구스티누스는 신학적 주장을 펼 수 있는 효과적인 무기를 가톨릭 공동체에 제공할 필요가 있다고 생각했다. 그는 가톨릭 주교들을 설득해 시노드를 잇달아 열고, 이를 통해 통합된 전선을 형성하고 공통 정책을 세워나갔다. 카르타고의 대주교는 겸손한 사람으로 아우구스티누스에게 강론 작성을 맡겼으며, 아우구스티누스가 할 일을 조언해주기만 한다면 일을 주도적으로 이끌어갈 준비가 이미 되어 있었다. 아우구스티누스는 하느님의 통치가 아프리카뿐 아니라 세상 끝까지 확장되리라는 성경의 예언들을 바탕으로 주장을 펴나갔다. 게다가, 천국에 관한 비유(마태오복음 13장)에서는 마지막 심판이라는 추수 때까지 주님의 밀밭에 밀과 가라지가 함께 남아 있어야 한다는 가르침이 있었다. 그러므로 그 어떤 부정한 사건이 일어난다 해도 그것이 분열을 일으키고 하나인 교회를 떠나야 하는 충분한 근거가 되지 못한다. 노아의 방주는 홍수에 휩쓸려 죽을 것이 아니라면 교회 안에 머물러야 한다는 확실한 표징이다.

아우구스티누스가 보기에 방주에 탔던 여덟 사람은 영적으로 충성스러운 교회의 내부 핵심으로서, 이성이 없는 동승객들의 지독한 냄새를 참고 견뎌야 했지만, 물에 빠져 죽는 것보다는 낫다고 여긴 이들을 상징했다. 자신들을 제외한 나머지 그리스도교 세계가 세속 정부와 협력함으로써 배교의 죄를 지었노라고 하는 도나투스파의 주장에 대해 아우구스티누스는 '온 세계가 조금의 염려도 없이 심판한다'라고 응수했다. 세상이 확실하게 판단한다securus judicat orbis terrarum(EPiii. 24). 다만, '다른 사람들에게는 완벽하게 명확해 보이는 것을 보지 못하는 것이 모든 이단의 특징이다'(ii.56).

아우구스티누스는 참된 신자의 특징들 중 하나로 교회를 언제나 사랑하되 안 좋은 부분들까지도 사랑한다는 점을 들었다. 그는 대박해 시기에 일부 주교들이 적절하지 못한 방식으로 정부와 타협했다는 사실을 부인하지 않았다. 그 또한 하느님을 향한 마카베오 형제들의 열정을 우러러보았다. 그러나 주교들 개인의 과오가 공동체나 주교직의 승계를 더럽힐 수는 없었다. 하느님의 은총이 효과를 발휘하는 것은 사목자 개인의 거룩함이 아니라, 그가 하느님이 명하신 것을 행하고 그로써 자신의 성사적 행위 안에서 전체 교회가 행위하고 있음을 인식하고 있는지를 보여주는가에 달려 있었다. 보편 교회의 모든 행위는 가톨릭, 곧 보편적인 것이다 (catholic이란 말은 원래 보편적이라는 뜻의 그리스어 카톨리코스 katholikos에서 나왔다—옮긴이). 성사는 그리스도의 성사이지 그것을 집전하는 개인의 소유가 아니다. 또한 구원은 언제나 인간이 아니라 하느님이 하시는 일을 통해서 이루어진다. 그러므로 교회의 정통에서 벗어나지 않았지만 분리된 종파에 속하는 사제가 준 세례성사라고 해서 다시 세례를 베풀어야 할 이유는 없다. 세례는 단 한 번으로 평생 유효한 결정적 표시를 영혼에 남기는 것이며, 이는 그리스도가 단 한 번 죽음으로써 모두를 구원한 것과 같다. 물론 분리된 종파에서 주어진 세례는 그 세례받은 이가 보편 교회와 화해하고 난 뒤에야 비로소 완전한 은총의 통로가 될 수 있다. 동일한 원칙에 근거해서 아우구스티누스는 대죄를 지은 주교가 베푼 서품을 통해 부정함이 전해질 수 있다는 생각을 단호히 부정했다.

누미디아의 도나투스파 열성분자들이 저지른 잔혹 행위로 인해 로마제국 정부에서는 국가의 강압으로 종파분리주의자들에 대해 더 강력한 정책을 취하게 됐다. 처음에 아우구스티누스는 제국 정부에서 군대를 파견하는 것에 매우 강한 의구심을 품었으며 아프리카의 많은 주교들도 같은 생각이었다. 그는 국가의 강압을 동원해 범죄적인 폭력 행위를 억제하는 것이 적법하다는 점을 부인하지는 않았다. 하지만 벌금형에 처한다거나 상속을 금한다고 위협해서 도나투스파 신자들에게 가톨릭교회로 돌아오도록 압력을 가하는 것이 아우구스티누스에게는 상당히 부당하게 느껴졌다. 그렇게 되면 가짜 개종자들이 양산되거나, 멈출 수 없는 테러 행위가 늘어나거나, 도나투스파 사람들이 자살할 수 있었다. 실제로 정부가 강하게 압박해오자 누미디아의 열성분자들은 절벽에서 스스로 몸을 던지기도 했다. 도나투스파는 이 죽음에 대해 가톨릭 공동체에 책임이 있다고 주장했으며, 가톨릭 공동체에 대한 증오는 어마어마하게 커졌다.

아우구스티누스는 폭력을 싫어했다. 그는 도나투스파에 대해 무자비하게 말하는 동료 가톨릭 신자들을 엄하게 꾸짖었다(E61.1, 65.5). 논쟁과 강압이 편안히 공존할 수 없었다. 아우구스티누스의 신학은 성품성사를 비롯한 도나투스파의 성사들 또한 유효하다는 교의를 포함하고 있었는데, 이는 동시대인들을 놀라게 할 만한 것이었다. 그는 이러한 교의를 통해 재결합을 막는 주요 장애물을 제거할 수 있으며, 그와 함께, 본당을 관리할 성직자들이 극도로 부족했던 가톨릭 공동체의 문제를 필시 해결할 수 있을 거라고 보았다. 더욱이 도나투스파에는 정직하고 선한 마음을 지닌 그리스도인들이 많았으며, 그들 중에는 하느님이 선택된 백성 안에 들일 사람들이 있다는 것을 그는 확신했다. 그런 사람들은 하느님의 참된 교회에 충실하게만 된다면, 그들 자신이 참으로 선택된 백성이라는 것을 증명하게 될 것이었다.

강압적 정부 정책은 실제로 놀라운 성공을 거뒀다. 특히 토지 소유자와 도시 상인들 사이에서 효과가 좋았다. 포에니어를 사용하는 시골 소작농들 사이에서는 처음엔 별로 효과가 없었으나, 결국 다수의 소작농들도 늦지 않게 마음을 바꾸었으며, 그로 인해 아우구스티누스는 관할 교구 내 시골 지역들을 맡기고자 포에니어에 능숙한 사람들을 찾아야 하는 난제를 안게 됐다. 솔직히 아프리카의 많은 평신도들이 보기에 어느 쪽 교회에 속하느냐는 문제는 구원과 아무 상관이 없었다. 소작농들 중에는 어느 쪽 종파가 그들의 물질적 이해관계를 더 잘 생각해주는지에 따라 움직일 준비가 되어 있는 신자들이 많았다. 종파 사이의 참상 때문에 그 이전에 믿었던 옛 종교로 돌아가버린 이들도 많았다. 누미디아에서 도나투스파의 충성심을 유지하는 데는 협박이 상당한 역할을 했으며, 도나투스파에서 가톨릭교회로 넘어간 사람들은 길거리에서 강도를 만날 가능성이 특히나 컸다.

아우구스티누스는 화해의 과정에 오랜 세월에 걸쳐 많은 시간과 정력을 쏟았다. 411년 카르타고에서 도나투스파와 가톨릭교회의 주교들이 대규모 회담을 연 뒤로 양쪽의 재결합이 가속화되었다. 황제가 보낸 (가톨릭교회에 속하는) 감독관이 회담을 주재했고, 그는 대립하는 양측 사이에서 평결을 내릴 수 있는 권한을 위임받았다. 아우구스티누스는 가톨릭교회의 주요 대변인이었다. 그는 가톨릭 주교들을 설득해 도나투스파 사람들이 가톨릭교회에서 함께 영성체하기만 한다면 가톨릭교회 각 교구에서는 도나투스파 신자 수에 합당한 만큼 주임신부직을 주겠노라고 공개적으로 선언함으로써 회담을 시작했다. 이처럼 관대한 제의에서 조건으로 요구하는 것은 아무것도 없었다. 하지만 서로 원한이 너무나 깊었기 때문에 이러한 제안조차 받아들여질 가능성이 희박했다.

가톨릭교회에 유리한 평결을 미리 내려놓고 있던 정부에서 회담을 연 것은 도나투스파 평신도들에게 꾸준히 압력을 가하려는 차후의 정책을 정당화하려는 데 그 의도가 있었다. 강압 정책을 펴서 실제로 성공시키는 것 말고 강압 정책을 정당화할 근거를 달리 찾을 수 있겠는가? 불행하게도 아우구스티누스는 정부의 압력이 얼마나 효과를 발휘하는지를 보았다. 자신의 관할 도시인 히포에서 소수였던 가톨릭교회는 이제 다수가 되었다. 아우구스티누스는 주교들의 걱정을 없애줄 이론적 방어책을 마련하기로 결심했다. 주교들은 어느 누구를 교회에 결합시키는 일에 강제력이나 사회적 압

력을 행사해서는 안 된다고 느꼈으며, 이미 교회 안에 위선
자들이 충분히 많은데 교회는 소원해지고 충실치 못한 신자
들을 가슴에서부터 환영하지 않는다고 생각했다.

　얼마 지나지 않아 아우구스티누스는 도나투스파 신자 중
에도 신심이 깊고 덕이 높아 자기편으로 만들고 싶은 사람
들이 많다는 것을 발견했다. 종파를 옮기는 과정은 인생 전
체에 관련된 사건이지, 번개 치듯 갑자기 일어날 일은 아니
었다. 언짢아하고 소원해졌던 사람들도 보편 교회에 재결합
하라는 압력이 그들 자신에게도 좋은 것이었음을 때가 되면
확실히 알게 될 것이었다. 그것이 그들의 현재와 이후의 구
원을 위한 것이었기 때문이다. 복음서의 혼인잔치 비유에서,
잔치를 연 임금은 하인들에게 명령해 강요해서라도 자리를
채우도록 한다. 더 위대한 임금이신 그리스도는 채찍을 들고
성전의 상인들을 쫓아내셨다. 매를 아끼는 것이 언제나 현명
하고 사랑 넘치는 부모가 취할 행동은 아닌 것이다. 외과의
는 고통을 주지 않고 치료할 수 없는 법이지만, 고통을 주는
목적은 어디까지나 치료하는 데 있다.

　중세의 어떤 교회법 학자들은 도나투스파를 반박하는 아
우구스티누스의 저작을 선별적으로 인용해 그가 마치 중세
후기에 이단들을 억압한 가혹한 방법들을 정당화해주는 것
처럼 보이도록 만들었다. 16세기 프로테스탄트와 가톨릭교

회뿐만 아니라 비잔틴제국의 정교회에서 이단들의 사상은 너무나도 교활하고 사악한 본성을 지니고 있으므로 이를 막을 방법은 오직 이단 포교자들을 전부 몰살해버리는 것밖에 없다는 믿음으로 이단들을 불태워 죽였다는 이야기를 들었더라면, 아우구스티누스는 끔찍한 충격을 받았을 것이다. 중세 후기 사람들은 이단자들에 대해서, 오늘날의 사람들이 살인을 서슴지 않는 납치범이나 마약 밀매자에 대해 생각하듯이 사형에 처하지 않고는 제거할 수 없다고 생각했다. 당시 사람들은 아우구스티누스의 저술에서 엄격함을 옹호하는 부분을 뽑아내어 사용했을 뿐, 수많은 구절에서 그가 고문과 사형은 물론이고, 진정으로 사랑하는 아버지가 죄를 저지른 아들에게 내릴 만한 벌을 넘어서는 것은 무엇이 됐든 반대했다는 점은 무시해버렸다. 특히 프랑스에서 낭트칙령이 폐지된 뒤 위그노Huguenots(16~17세기 프랑스의 프로테스탄트 신자들을 이르던 말—옮긴이) 탄압을 옹호하던 이들 또한 아우구스티누스에게서 도움을 구했다. (하지만 아우구스티누스가) '네가 원하는 대로 사랑하고 행동하라'(EJo 7.8 외)고 썼던 맥락은 잘못된 행위에 대한 징벌을 정당화하면서도 징벌 방식에는 큰 제한을 두어야 한다는 원칙을 하나의 경구로 제시하려던 것이다.

도나투스파에서는 이에 항의했다. 그들은 자신들을 억압

하는 제국 정부의 조치들이 사랑에서 비롯된 것이 아니며, 가톨릭교회가 세속 권력의 힘을 빌리는 것은 원칙적으로 옳지 못할 뿐만 아니라, 박해라는 방식에 의존한 조직체는 바로 그러한 이유로 그리스도의 말씀을 대변할 능력을 스스로 잃게 되는 것이라고 주장했다. 아우구스티누스가 생각하기로, 아프리카의 가톨릭 신자들에게 수많은 폭력을 행사했던 사람들이 그렇게 항변하는 것은 온당치 않았다. 그렇지만 아우구스티누스는 괘씸하게 반항하는 아들에 대한 '아버지의 질책'이 그러한 박해에 도달할 수 있다고 생각하지도 않았다.

결국 아우구스티누스가 보기에 이단자를 정통 교파로 인도하려면 조금 불편하게 느껴지더라도 사랑을 주는 방법밖에 없다는 것이 자명했다. 그러나 그러한 목표를 달성하고자 동원하는 수단을 주의깊게 감시해야 한다. 재산가들에 대해서는 가벼운 제한을 넘는 조치를 해서는 안 되고 시골의 거친 일꾼들에 대해서는 적절한 채찍질을 넘어서는 안 된다.

아우구스티누스와 도나투스파 사이의 주요 차이점 하나는 지상에서 영적 전투를 벌이는 교회의 완벽성에 관한 입장이었다. 도나투스파는 교회가 '흠도 티도 없다'라는 사도 바오로의 말을 인용했다. 그들은 그들 무리에도 성사를 받고도 여전히 이전과 같이 개조되지 않은 채로 남아 있는 개인들이 있음을 인정했다. 그러나 성직자든 평신도든 개인들이 태만하다는 것과 교회가 오염되었다는 것은 다르다고 보았다. 교회는 그리스도의 몸이고, 거룩한 장소며, 성도들의 사회다. 이러한 사실은 의심할 바 없이 사도들을 승계하고 있는 주교들에 의해 보장된다.

사도들을 승계한다는 것은 아프리카의 가톨릭교회에도 중요한 사안이었다. 이것이 사도들의 가르침과 성사의 성스러운 전통을 지켜나갈 수 있게 해주는 외적 형식이었기 때문이다. 그러나 그것이 강조된 것은, 로마 교황이 사도 베드로를 승계했으며 바로 그 로마 교회와 자신들은 같은 성찬례를 함께 향유하고 있으나 도나투스파는 (313년 이후로 줄곧) 그렇지 않다는 것을 말할 때뿐이었다. 아우구스티누스가 보기에 도나투스파가 '로마와 예루살렘 그 어느 쪽과도' 함께 성찬례에 참여하지 않는다면 그들 자신이 유일한 보편 교회라고 온당하게 주장할 수 없었다. 그는 베드로 개인이 교회의 반석이라고 생각하지 않았다(베드로의 본래 이름은 시몬이었는데, 그가 예수를 하느님의 아들이라고 고백하자 예수는 그에게 아람어로 '바위'를 뜻하는 케파Cepha라는 이름을 주었다. 이를 그리스어로 번역한 것이 베드로Petros이다). 물론 말년에는 다른 해석가들이 마태오복음의 관련 구절(마태오복음 16:18 '너는 베드로이다. 내가 이 반석 위에 내 교회를 세울 터인즉 저승의 세력도 그것을 이기지 못할 것이다.'―옮긴이)을 그러한 방식으로 이해한다는 것을 알았고 그런 해석이 가능하다는 것을 인정하긴 했다.

그가 이해하기로, 보통 '바위'가 의미하는 것은 그리스도를 하느님의 아들이라고 말한 베드로의 신앙고백이다. 그리고 '우리 그리스도인들이 믿는 분은 베드로가 아니라, 베드로가 믿었던 그분이다'(CD 18.54). 아우구스티누스는 베드로를 단일한 교회의 보편성과 일치를 나타내는 상징으로 자주 제시했다. 그는 '사도좌'(使徒座, apostolic see: 사도들로부터 내려오는 교회의 정통성을 언급할 때 사용되는데, 단수로 쓰이면 보통 예수의 수제자인 베드로와 그를 직접 승계하는 로마의 주교, 곧 교황의 수위적首位的 직위를 나타낸다—옮긴이)라는 표현을 종종 복수로 사용한다(DDC ii. 12).

그러나 아프리카 가톨릭 공동체의 다른 주교들 모두와 마찬가지로, 아우구스티누스 또한 누미디아처럼 대체로 도나투스파에 속하는 속주들에 가톨릭교회가 지닌 '존재의 이유raison d'être'는 로마와 함께하는 성찬례에 달려 있다는 사실을 상당히 의식하고 있었다. 그는 교회법을 적용한 결과 커다란 어려움이 초래된 경우, 로마 사도좌에 교회법을 대신할 권한이 있다는 것을 당연하게 여겼다. 아프리카 교회의 일들에 대해서 아프리카의 주교들이 독립적으로 시노드를 열어 판결할 수 있다고 보았으나, 로마의 권위가 이 판결에 힘을 실어준다면 더 좋을 거라고 생각했다. 그렇게 된다면 논쟁중이던 문제는 종결되는 것이다(S 131.10 외). 그와 달리 아프리카의 주교들은 아프리카에서 양성받은 성직자가 직접 로마의 사도좌에 호소하는 경우와, 문제 사안에 대해 로마의 교황이 제대로 알려주지 않는 경우를 모두 싫어했다. 418년에, 비행을 저지르고 다니는 것으로 유명했던 사제 아피아리우스Apiarius를 주교가 정직시킨 일이 있었다. 아피아리우스는 조시무스Zosimus 교황에게 항소했고 교황은 매우 자비롭게도 그에게 소명할 기회를 주었다. 이 때문에 아프리카의 주교들은 자신들의 자율권이 무시당했다며 상당히 불쾌해했고, 교황에게 최종 결정권이 있다고 주장하는 교회법에 의문을 던졌다. 결국에는 주교들이 정식 교회법을 직접 만들어서 '누구도 감히 로마 교회에 직접 항소할 수 없다'고 규정했다.

아우구스티누스는 아피아리우스 사건의 경우, 교황이 신중하지 못했다는 것과 바로 그 교황이 다른 이단들의 말을 기꺼이 들어주었다는 점을 무척 유감스레 여겼다. 그러나 이 사안에서 비롯한 결점들을 감추려 최선을 다했다. 그는 그 어떤 로마의 주교도 전체 주교단의 결의를 거슬러 판결하는 실수를 저지르지 않으리라 확신했다.

그리스도의 몸인 교회에 대해 아우구스티누스는 시적 언어를 동원해 설명했다. 교회에 맡겨진 말씀과 성사는 구원의 수단이며 도구다. 그러므로 교회는 성령의 상징인 비둘기이며, 아가서의 사랑스러운 신부다. 또한 믿는 이들의 사회이며, 머리이신 그리스도에게서 떼어낼 수 없는 그분의 몸이다. 그러므로 '완전한 그리스도'는 주님이시며 그분의 교회와 불가분의 관계다. 그리고 이 몸의 영혼은 성령이다. 싸우는 교회와 승리하는 교회는 활동과 관상의 상징인 마르타와 마리아(루카복음 10장)로 상징되었다. 그러나 이승의 삶에서 경험하게 되는 가톨릭 공동체는 결점 없이 완벽하지 않았다. 개인들의 잘못과 실수는 잦고도 컸다.

아우구스티누스는 친구 히에로니무스의 비관적 관점을 공유하지 않았다. 히에로니무스는 구약성경에서 계속 하느님을 배반하는 성향 때문에 예언자들에게 비난받는 이스라엘 민족의 모습이 당대의 교회를 예시한 것이라 보았다. 그가 묘사한 당시 성직자들의 모습은 수도 적고 질도 낮았으며, 추문도 심심찮게 일었다. 그는 평신도들 중에 세례받고도 대죄를 지어서 완전히 죄를 용서받을 때까지 성찬례에 참여할 수 없게 된 사람들이 있다는 것을 알았다. 여기서 대죄란 극악한 간음이나 절도와 같이 심각한 문제들을 가리킨다. 소죄는 보통 날마다 주의 기도를 외거나 자선을 베풀면 용서받을 수 있었다.

서품받은 사제직을 성사에 대한 최고의 보증이라고 하는

도나투스파의 말이, 아우구스티누스에게는 교회의 개념을 지나치게 성직 중심으로 만들고 있는 듯 들렸다. 사제직은 꼭 있어야 할 소임이긴 하다. 서품은 성령에 의해서 축성되는 것이다. 성찬례를 거행하는 권한은 서품받아 자격을 갖춘 이들에게 주어져야 한다. (이단들을 제외하고는) 어느 누구도 평신도의 성사 집행은 생각조차 하지 않았다. 그러나 아우구스티누스는 절대로 교회가 성직자들로만 구성된다고 생각하지 않았다. 사제직은 교회에 속한 소임의 하나다. 사도에서부터 내려오는 교회의 연속성은 사제직의 체계 안에 그 도구와 표징을 갖고 있긴 하다. 하지만 아우구스티누스는 마니의 『근본 서한Epistola Fundamenti』을 반박하며 복음의 진리를 인정하는 권한을 보편 교회의 신앙에서 찾고 있다. '만약 보편 교회의 권위가 내게 복음을 믿으라고 강제하지 않았다면, 나는 복음을 믿지 않았을 것이다.' 그 반대 경우도 아우구스티누스는 부정하지 않았을 것이다.

아우구스티누스가 생각하기에 하느님이 지정된 은총의 방식들, 곧 성경과 성사를 통해서만 인류에게 말씀하시는 것은 아니지만, 성경과 성사가 중심적이며 정상적인 매개체가 된다는 것은 확실했다. 성경을 이루는 인간의 언어, 그리고 세례와 성찬례를 이루는 물, 빵, 포도주는 모두 덧없는 세상의 것들일 뿐이다. 그러나 하느님은 이것들을 그분 자신의 도구로 삼으시어 믿는 이의 마음에 진리와 은총을 전달하신다. 믿음이 없다면 성사는 영혼에 아무런 유익도 가져다주지 않는다. 그러므로 '믿어라, 그러면 그대는 [예수의 살과 피를] 먹은 것이다'(Jo 25.12)라는 말이 성립된다. 성사는 표징이다. 그러나 '성경에서는 표징이란 예시된 실제라고 말한다'(Jo 632).

아우구스티누스가 성찬례에 사용하는 언어에는 플라톤주의자에게 잘 맞는 상징론적 언어가 있어서 성사라는 표징의 외연성 때문에 곤란해지는 경향이 있지만, 성경에서 특징적으로 사용되는 실재론적 언어도 있어서, 하느님의 나라가 지금 바로 여기에서 실현된다는 종말론적 주제와도 가깝게 연결된다. 그러므로 우리는 성사와 성사에 의해 전달되는 실체 res 혹은 실제reality(아우구스티누스는 물질적인 것을 의미한 것이 절대 아니다) 사이에 구분이 있다는 것을 알 수 있다(Jo 26.15, CD x.20, xxi.25.4). 아우구스티누스는 마니교와 벌인 논쟁 때문에 성찬례의 요소들이 하느님이 쓰시기에 너무나 물질적이라는 생각을 하지 않게 된 반면, 도나투스파와 벌인 논쟁 때문에 성찬례를 영혼으로 받아들이는 내면적 수용을 강조하게 되었다.

175

제 8 장

천지창조와
삼위일체

『고백록』을 완성했을 즈음 아우구스티누스는 이미 두 가지 주제로 마음을 돌리고 있었다. 이후 15년 넘는 세월 동안 아우구스티누스는 도나투스파 문제가 잠잠해져서 한가할 때마다 이 주제들에 집중했다. 첫째는 창세기 1~3장에 대한 주석이었고, 둘째는 삼위일체 교의였다. 이 두 가지 주제는 모두 이교도 지식인들이 늘 조롱거리로 삼아왔던 영역이기도 했다. 하느님이 세상을 창조했다고 하는 창세기 1장의 내용은 창조가 단 한 번, 순간적으로 이루어졌다고 말하는 것 같다. 철학자들(적어도 일부 철학자들)은 이 이야기를 예술가 신이 할 수 있는 한 최선을 다해서 형상 없는 질료를 가지고 세상을 만들어낸 과정으로 이해했다. 아담과 이브와 뱀의 이야기는 순진한 신화처럼 들린다. 플라톤주의자들은 대부분 '창조'라는 말을 우주 질서에 신이 관계되어 있음을 이야기하면서 받아들였다. 플라톤은 이 말을 『티마이오스』에서 사용했다. 그러나 그들은 이 단어가 시간을 뛰어넘는 의존성을 비유적으로 표현한 것이라 생각했다. 그들이 생각하기에 우주는 실제로 영원하며 시작도 끝도 없는 것이었다.

아우구스티누스는 『고백록』11권과 12권, 『신국론』11권을 포함해서 다섯 편의 창세기 해설을 썼다. 첫번째 해설서는 마니교의 비판을 반박하면서 쓴 알레고리 주석이었다. 그러나 알레고리는 거북한 난점들을 비껴가려는 궤변적 도구라는 비난을 받기 쉬웠다. 아우구스티누스는 문자적 해설을 쓰기 시작했지만 결국 완성하지는 못했다. 401년경 그는 창세기의 문자적 의미에 대해 방대한 해설서를 쓰기 시작했으며, 이 책은 그의 주요 업적들 가운데 하나로 여겨진다. 열두 권이나 되는 『창세기 문자적 해석De Genesi ad Litteram』은 창세기 1~3장을 교회와 성사, 죄와 은총의 알레고리로 다루지 않는다면 '창조 과학'의 한 부분으로도 간주할 수 없다는 가정에서 출발한다. 그리스도인들이 성경을 두고 마치 천문학자가 다른 자연과학자들과 경쟁하며 세상에 대한 대안적 설명을 제시하는 것인 양 이야기한다면 매우 곤란한 일이었다. 그러면 그들의 신앙은 어리석어 보이고, 그리스도인들이 더 이야기해야 할 정말 중요한 문제들은 흐려졌다.

갈릴레오는 아우구스티누스가 이 주제에 대해 언급한 바를 열렬히 받아들였다. 아우구스티누스의 해설은 우리가 과학으로 분류하는 문제들에 대한 강렬한 관심을 저버린 것이긴 하다. 하지만 또 한편으로는, 어떤 이들이 성경을 과학 참고서로 취급한다는 사실에만 근거해 모호한 문제들에 관해 결정하기를 거부한 것이기도 하다.

아우구스티누스가 이해한 '문자적'이란 말의 의미가 성경 저자들이 사실을 있는 그대로 이야기하고 있다는 것은 아니었다. 그럼에도 창세기가 의미하는 바는 세상이 실제로 창조되었다는 것이다. 인간의 존재와 우주의 존재는 모두 하느님의 의지와 선하심에 의존한다. '문자적'이라는 용어를 이렇게 사용하면서 아우구스티누스는 창세기가 우리에게 진상眞想이 어떠한지를 이야기해주는 것이지 세상의 영원성이나 영혼의 내재적 불멸성 등에 대해 복잡한 이야기를 하는 것이 아니라고 이해했다. 그가 생각하기에 하느님의 존재를 제1원인으로서 이야기하는 것은 우주가 유한한 시간의 처음에 존재하게 되었다고 이야기하는 것과 같지 않았다. 많은 플라톤주의자들이 다루기 어려운 점토와 같은 질료를 가지고 최선을 다하고 있는 예술가나 장인의 알레고리로 창조주를 이해해야 한다고 생각한 것과 달리, 2세기 이후 그리스도교 신학자들은 질료 또한 창조주가 만들어냈으며 세계는 '무無에서부터' 나왔다고 확신했다. 플라톤의 『티마이오스』에 대한 포르피리오스의 해설은 이 지점에서 아우구스티누스에게 도움이 되었다. 포르피리오스는 자신의 해설서에서 창조주가 질료에 부여한 형상이 있기 전에 질료가 먼저 있어야 하지만, 그럼에도 질료가 형상을 결여한 채 있었던 순간은 존재하지 않았다고 말했다. 아우구스티누스는 이 표현을 자기 것으로 만들었으며 (포르피리오스 자신이 말한 대로) 그 표현은 유일신론의 가장 엄격한 요구들을 만족시켰다.

순간적 창조 행위라는 개념은 철학자들에겐 일종의 마술처럼 보였다. 아우구스티누스는 세상을 발전 과정이라고 보았다. 세상 만물이 지금 있는 그대로 태초에 창조된 것은 아니었다. 그가 생각하기에 하느님은 '발생 원리' 또는 인과적 원인들을 창조하셨으며 여기서부터 점차 다른 만물이 생겨났다. 이러한 설명을 통해 그는 이후에 등장하게 될 새로운 종들을 그려볼 수 있었다. 존재의 층위를 따라 진화적으로 발전해간다는 신플라톤주의의 설명은 아우구스티누스에게 적절한 용어들을 제공했을 것이다. 플로티노스가 말하는 '유출' 또한 그에게 영향을 주었을 것이다. 모든 결과가 그 원인 안에 잠재되어 있다는 것이 신플라톤주의의 공리였다. 아우구스티누스는 우연이나 자의성이 이 세계의 놀라운 질서와 계획 안에서 작용할 수 없다고 보았다. '우연'은 우리가 원인을 알지 못할 때 사용하는 단어일 뿐이다(Ac. i.1). 원인 없이 일어나는 일은 없다(CDv. 9). 아우구스티누스는 이 우주의 합리성에 대해 확신했다. 오직 변덕스러운 자유 선택만이 비합리적으로 보이는 결과들을 세상에 들여올 따름이다.

아우구스티누스는 여성을 폄하했다는 평판이 있다. 이러한 평판은 선택적인 인용문들을 통해서 뒷받침될 수 있지만, 여성에 대해 상당히 긍정적인 발언들도 있다. 그는 사도 바오로의 말(코린토1서 11:7)에 대한 당시의 해석에 반대했다. 그 해석에 따르면 남자만이 하느님의 모상으로 만들어졌고 여자는 그렇지 않았다. 아우구스티누스의 의견은 남자와 여자가 육체적으로 구별될 뿐, 영혼이나 정신이 다르지 않다는 것이었다.

하지만 다른 한편으로 여성의 가장 중요한 역할은 역시 생물학적인 것이 확실하다고 생각하기도 했다. '아담에게 지적인 대화를 나누고 일을 함께할 짝으로서 조력자가 필요했다면, 하느님은 분명히 또다른 남자를 주셨을 것이다. 하느님이 이브를 주셨을 때 그분이 의도하신 것은, 種종의 유지를 보장하시려는 것이었다.'(GL ix.9) 아우구스티누스는 어머니 모니카가 불같은 성격에다 가정에 충실하지도 않았던 남편을 참아내고 달래기까지 했던 것처럼, 결혼생활에서 아내의 역할은 가정을 돌보고 지원해주는 것이라고 생각했다. 또한 그는 부부가 서로 '나란히 걸어가야 한다'(BC i.1)라고도 말했다. 남편은 앞에 걸어가고 부인은 아들과 짐을 챙겨서 뒤에 따라가는, 오늘날에도 세계 곳곳에서 이어지는 이 관습을 아우구스티누스는 안타깝게 여겼던 것 같다. 공공 영역에서는 남편과 아내가 평등하지 않지만, 혼인의 권리에서는 절대적으로 동등하다(F22. 31, QHiv. 59).

아우구스티누스가 남긴 여러 말들을 살펴보면, 여성에 대해 일반화된 태도들은 대체로 성性에 대한 태도로 말미암아 결정되었다는 공통점이 있다. 한때 금욕적인 마니교에 몰두했고 그와 동시에 그의 성적 욕구를 충족시켜주는 여자와 함께 살았던 남자였으니 그에게 일관성이 없으리라고 생각할 수 있다. 가톨릭교회로 개종한 후 그는 육체에 대한 긍정적 평가를 받아들여야 했는데, 이는 성생활을 포기하는 금욕이 그의 결정에서 중추를 이루었다는 사실과 잠재적으로 상충되었다. 어떤 설교에서 그는 자연, 음악, 꽃과 그 향기, 좋은 음식, 그리고 '부부간의 포옹'에서 느끼는 기쁨이 정당한 것이라고 선언한다(S 159.2).

『신국론』(xxii.17)에서는 다가올 세상에서 부활한 남자와 여자 모두 남자의 육체를 지니게 될 것이라는 생각을 단호히 거부한다. 이런 생각은 마치 여성성을 창조주의 불미스러운 오류로 생겨난 것처럼 여기는 것이었다. 하지만 아우구스티누스는 (적어도 자기 안에 있는) 성을 두려워하기도 했다. 성은 이성의 통제를 쉽게 빠져나가기 때문이다. 히포의 수녀원에 있던 수녀들조차 여자는 의식하지 못하거나 그런 의도를 가지지 않더라도 눈짓 한 번으로 남자를 쓰러뜨릴 수 있다는 경고를 받았다(E211).

『창세기 문자적 해석』에는 논쟁적인 글들이 많지 않지만, 천지창조 사상과 인간 본성에 관련된 문제들을 다루는 논의들이 많다. 플라톤주의와 성경 사이에서 발생하는 긴장이 책 전체를 통해 명확하게 드러난다. 따라서 카시키아쿰에서 지낼 때 생각했던 것보다 둘 사이에 더 많은 거리를 두어야 한다는 것을 그가 더 강하게 의식했음을 표명한 것으로 독해할 수도 있다. 포르피리오스는 이 책에서 그 이름이 직접 언급되고 있진 않지만, 책의 배경이 되는 인물들 중에 가장 중요한 인물이다. 이 주해서는 상대적으로 그다지 논쟁적이지는 않고, 탐구적이며 실험적인 성격이 강하다. 노년에『재고록』을 쓰면서 이 책을 되돌아보았을 때 아우구스티누스는 책 내용에 너무나 확신이 없고 잠정적인 성격이 강해서 유용하지 않다고 느꼈다. 현대 독자들은 아마도 그런 부정적 판단에 동의하기가 매우 어려울 것이다.

아우구스티누스와 신플라톤주의의 연관성은 그가 65세

에 완성한 열다섯 권짜리 『삼위일체론De Trinitate』의 여러 부분에서 더욱 뚜렷하게 드러난다. 앞의 일곱 권은 교회의 전통을 검토하는 내용인데, 처음에는 성경을 살펴보고 그다음에 정통 주석가들과 신학자들의 저술을 살펴보고 있다. 한 세대 전에 푸아티에의 힐라리우스Hilarius가 같은 주제에 대해 쓴 훌륭한 저서가 아우구스티누스에게도 큰 영향을 주었다. 힐라리우스와 아우구스티누스 모두가 제기하고 있는 중심 질문들 중 하나는 특히 4세기 초 알렉산드리아 교구사제였던 아리우스Arius와 관련된 것이었다. 아리우스는 자신의 논문에서 성부에 대한 성자의 형이상학적이고 도덕적인 종속을 용인함으로써, 혹은 정말로 주장함으로써, 신이 하나이며 셋이라는 교의가 유일신 사상과 양립할 수 있다고 하여 주요한 논쟁을 불러일으켰다. 어떤 이유에서인지 아우구스티누스는 4세기의 가장 뛰어난 그리스 신학자들을 포함한 정통 신학자들이 아리우스를 논박했을 때 충분히 효과적이지도 못했고 강력하지도 못했다고 느꼈다. 그 신학자들이 아리우스가 생각한 방식에 대해 원칙을 너무 많이 양보했다는 것이다. 『삼위일체론』의 후반 여덟 권은 인간 심리에서 끌어낸 일련의 알레고리들을 사용해 '하나 안에 있는 셋'으로서 신을 이해할 수 있는 가능성에 대해 탐색한다. 따라서 이 저술의 전반부와 후반부는 믿음과 이해라는 대립항에 각기 대응한다.

　이와 더불어, 정통 신앙에서는 아리우스뿐만 아니라, 사벨리우스Sabellius라고 하는 3세기의 모호한 이단과 연결된 사상도 거부했다. 여기서는 성부, 성자, 성령이 한 분이신 하느님의 속성들을 표현하는 형용사적 용어라고 보았다. 그러니까 정통 신앙에서는 성부, 성자, 성령을 완전한 실사實辭로 보거나, 아니면 그저 형용사로 보는 생각들을 모두 거부한 것이다. 이러한 탓에 당대의 사려 깊은 비그리스도인들 중 철학적 탐구자들에게는 삼위일체 교의가 합리적 이해를 거부하는 것처럼 보이게 되었다. '하느님'이 숭고한 신비라는 것을 인정하더라도 이런 식으로 이야기하는 것은 지성에 반하는 교리처럼 보였으며, 거의 이성과 상관없는 전례적인 주문처럼 들렸다. 이 주제가 언급되면 이교도 지식인들은 웃음을 터뜨렸다.

　아우구스티누스는 하나이면서 동시에 셋이라는 개념이 절대로 그렇게 난해하지 않기에 인간 본성에 대해 간단히 살펴보는 것만으로도 즉각적인 예를 발견할 수 있다는 것을 별다른 노력 없이 보여주었다. 우리의 내면을 들여다보면, 존재와 앎과 의지가 하나를 이루고 있음을 알 수 있다. 이 세 가지 작용은 서로 연결되어 있으며 같은 중요성을 지닌다. 이와 마찬가지로, 기억과 지성과 의지가 셋이면서 하나고,

정신과 지식과 사랑 또한 그러하다. 사랑하는 이와 사랑받는 이, 그리고 그 둘을 묶어주는 사랑 자체도 셋이면서 하나다. 하지만 이 예시들 중에 어떤 것도 아우구스티누스에게 하느님에 이르는 단순한 사다리를 제공해주진 못했다. 사람 안에 있는 하느님의 모상은 육체에서가 아니라 정신에서, 곧 자유와 이성과 자의식에서 발견할 수 있다. 그가 제시한 유비적 예시들은 '하나 안에 있는 셋'이란 개념을 터무니없는 소리라고 생각하며 비판하던 이들을 압도하는 해답을 제시해주었다. 그러나 그 예들이 지닌 의미는 지나치게 유연하고 다중적이었기 때문에 하느님에게 곧바로 적용하기는 어려웠다. 가장 근사한 최고의 유비는 마지막 책인 15권에 등장하는데, 생각과 말과 의지의 긴밀한 통합성, 그리고 앎과 사랑 사이의 친연성이다.

아우구스티누스와 그 동시대인들에게 '유비類比'라는 것은 모호한 유사성이 아니라 무언가 정확하고 수학적인 것을 말하는 용어였다. 어디에선가 그는 하느님에 대해 이야기하기에는 유비가 지나치게 정확한 것이어서 신인동형론으로 결론 맺게 될 위험을 경고했다(S 52). 정신과 정신의 작용들 사이의 통합성이란 그에게 당연한 것이었다. 그는 정신이 독립적인 능력을 가지고 있다거나, 상호 소통하지 않는 분과들을 가지고 있다고 말하지는 않았다. 그럼에도 인간의 영혼에서 성삼위의 '흔적' 또는 '발자국'을 찾아내려는 노력 때문에, 가끔씩 그의 설명은 반쯤 독립적인 영혼의 부분들을 암시하는 듯했다. 이는 그의 신학적 난제를 은연중에 드러내는 것이었다. 그는 성부, 성자, 성령 사이의 구분을 명확하게 설명해줄 수 있는 용어들을 찾지 못했다. 세상과 관련한 성부, 성자, 성령의 활동이란 측면에서 그 셋은 나뉘지 않는다.

2세기 말의 테르툴리아누스 이후로 줄곧 라틴 신학에서는 '한 실체 안에 있는 세 위격'(여기서 실체란 결코 필수적으로 물질적 함의를 가져야 하는 것은 아니다)에 대해서 이야기해 왔다. '위격persona'이라는 용어가 쓰이기 시작한 것은 테르툴리아누스가 이 용어를 구약성경에서 찾아냈기 때문이다. 예를 들어 테르툴리아누스는 시편 2편을 위격 사이의 대화dramatis personae라고 설명했다(원래 삼위일체의 '위격'은 그리스어 hypostasis를 번역한 것이다. 이것을 라틴어로 번역할 때 substantia라고 할지 persona라고 할지를 두고 논쟁이 있었다―옮긴이).

'실체'란 말은 하느님 안에 실체와 우유偶有가 모두 있다는 함의를 가지지만 않는다면 초월적인 형이상학적 존재를 나타내는 용어로서 받아들일 수 있다고 아우구스티누스는 생각했다. 그러나 '세 위격'이란 말은 그에게 상당히 곤란한 문제였다. 하느님은 모든 숫자를 초월하므로 셀 수 있는 존재가 아니다. 아마도 '세 개의 무엇?'이라는 질문에 답하지 않고 그냥 '셋'이라고만 말할 수는 있을 것이다. '세 위격'이라는 말은 오랫동안 교회 안에서 추앙받는 공동체 전통이 되었고 아우구스티누스는 철학과 신학에서 이 용어가 쓰이는 것을 존중했다.

아리스토텔레스의 설명을 이용해서 아우구스티누스는 성부와 성자라는 용어들이 관계를 표현하는 말이라고 보았다. 그래서 그는 삼위일체라는 것은 실체들이 아니라 관계들이 이루는 하나라고 제안했다. 성부는 삼위일체 하느님의 원천 또는 원리이며, 성자는 성부에게서 '출생'했고natum (곧 성자와 성부의 관계는 신의 통합성에 내재한 것이며, 피조물들이 지닌 우발적 질서의 의존성과는 아무런 유비도 성립되지 않는다), 성령은 '발출發出'한다procedit (요한복음서에서 나온 용어다).

아우구스티누스 이전의 라틴 신학에서는 (푸아티에의 힐라리우스와 밀라노의 암브로시우스가) 이미 성령이 성부와 성자에게서 발출하는 것이라고 이야기해왔다. 콘스탄티노플 공의회(381)에서 정한 그리스어 신경에서는 '성부로부터 발출하시어'라는 표현을 썼다. 이 공의회에는 서방 교회 대표들이 참여하지 않았고, 서방 교회의 마음에 들지 않는 교회법적 결정들이 내려졌다. 이 공의회에서 신경이 승인되었다는 사실은 아우구스티누스가 죽고 나서 20년이 넘게 지난 뒤에야 서방 교회에 알려졌다. 따라서 아우구스티누스가 성령이 성부에게서, 그리고 성자에게서도 발출한다고 인정하기를 망설일 이유는 없었다. 그는 이런 식으로 말해야 삼위일체 개념이 동등하지 않고 층위가 있는 세 위격의 합이라고 이해되는 것을 막을 수 있다고 느꼈다. 곧 그리스어 신경의 공식보다 하느님의 일치를 더 많이 강조한 것이다. 점차로 아우구스티누스의 신조가 서방 전례에서 사용되는 라틴어 신경 안에 들어가게 되었다. 4세기를 지나고 나서 바로 이 점이 서방과 동방 교회 사이의 틈을 더욱 넓게 벌려놓는 논제가 되었다. 중세 서방 교회는 교황의 권위에 의지해 신경 안에 '그리고 성자에게서도Filioque'라는 표현을 삽입한 것을 옹호했다. 16세기에 로마가톨릭교회에서 떨어져나온 그리스도인들조차 원래 공의회에서 채택된 신경을 거부하고 아우구스티누스의 신조를 유지했다. 하지만 이들과 달리 남부 이탈리아의 가톨릭 수도원들은 아우구스티누스가 덧붙인 표현을 쓰지 않았다.

삼위일체에 관한 아우구스티누스의 저술은 이후 서구에서 발전된 인격 개념에 근원적인 영향을 끼쳤다(하느님의 '위격'과 사람의 '인격'을 나타내는 라틴어 단어는 persona다. 이 단어는 본래 연극배우가 연기할 때 쓰는 가면을 뜻했다―옮긴이). 포르피리오스는 물리적 우주에 있는 모든 에너지와 생명의 근원인 '세계-영혼'을 모든 영혼들이 나누어 갖고 있다고 생각했다. 초기의 아우구스티누스는 이러한 세계-영혼의 개념을 사용했다. 하지만 후기에는 그러한 존재가 있다는 것에 관해 전혀 이야기하지 않았고 젊은 시절에 그렇게 생각했던 것이 경솔했다고 여겼다.

세계-영혼이 있든 없든, 우리에게 하느님이 이 세계인 것은 아니다. 세계-영혼이 있다면, 하느님이 창조하신 것이다. 없다면 세계는 누구의 신도 될 수 없으며, 우리의 신은 더더욱 될 수 없다. 그러나 세계-영혼이 없더라도, 천사들을 통해 활동하면서 하느님께 복종하는 생명-힘은 있다(R i.11.4).

세계를 하나의 신으로 만드는 것만이 세계-영혼 개념의 유일한 문제는 아니었다. 포르피리오스의 설명에는 구분되는 개인들이 존재하는 이유를 영혼들 때문이 아니라 육체적 분화 때문이라고 보는 경향이 있었다. 아우구스티누스는 각각의 영혼이 구별되며 하느님의 목적 안에서 각 개인이 서로 다른 운명을 지니고 있다고 보았다. 게다가 그가 보기에 성경 속 신의 개념은 플라톤주의 전통과 거리가 멀었다. 성경에서는 의지, 곧 창조적이고 본래적이며 독자적인 성격을 강조하고 있기 때문이다. 그러므로 인격이라는 용어는 인간의 비물질적이고 내면적인 특성만이 아니라 다른 사람과 공

7. 성 암브로시우스의 당대 초상(밀라노, 4세기)

유되지 않는 독특한 것을 의미하게 되었다. '이성적 존재의 개별적 실체'라고 하는 보이티우스의 인격에 대한 고전적 정의는 아우구스티누스에게 이미 내포되어 있던 것을 구체적으로 풀어쓴 것뿐이다.

존재 위계의 정점에 있는 지고의 삼위란 개념은 신플라톤주의자들이 가망 없는 모순에 빠지지 않고 계속해서 조롱할 수 있는 개념이 아니었다. 플로티노스와 포르피리오스는 그러한 체계, 곧 일자, 정신, 세계-영혼이 이루는 형이상학을 가지고 작업했다. 이러한 개념은 아우구스티누스가 『참 종교론』에서 삼위일체 교의에 대해, 철학적 이성으로 접근할 수 있는 진리지만 육화는 오직 신앙의 겸손으로만 이해될 수 있다고 한 이유를 설명하는 데 도움이 된다.

아우구스티누스는 물결치는 역사의 흐름이 신의 자기 현시를 위한 무대가 된다는 그리스도교의 전제조건을 매우 완강하게 주장했다. 인류를 구원하시는 하느님의 말씀이 역사의 중요한 갈림길에서 한 개인의 역사적 삶으로 육화되었으며, 역사적으로 확인할 수 있는 한 공동체를 통해, 또한 그 공동체 안에서 목격됐다는 것이다. 비록 플라톤주의자이긴 했지만, 아우구스티누스는 구원이 시간을 초월하는 추상적 관념들 속에 있지 않다고 생각했다. 그 때문에 그에게는 그의 종교적 신념에서 출발하면서 그 신념을 표현해주는 역사관이 필요했다. 곧 이 모든 역사적 참사들에도, 또 인간 본성의 현상태를 그저 비관적으로 평가할 수밖에 없는 현실에도, 신의 섭리에 대한 믿음을 입증해줄 수 있는 해석이 필요했던 것이다.

그는 역사를 현세적 지식scientia의 대상으로 보았으며, 이는 더 높은 차원의 지혜sapientia와는 뚜렷이 구분되는 것이었다. 그러나 감각과 정신을 분리하는 플라톤주의적 관점은 역사를 하느님이 사용하시는 성사적 사다리로 보는 그리스도교의 역사 개념을 적용함으로써 극복될 수 있었다. 하느님은 역사의 그리스도에서 신앙의 그리스도가 된 예수를 통해 우리의 영혼을 현실의 삶에서 관상하는 삶으로, 찰나에서 영원으로 들어올리시는 데 이 사다리를 사용하신다(F12.26, T13.24). 우리는 그분에 의해 영원불변의 이상향으로 향하는 길을 지나게 될 것이다(S88).

제 9 장

하느님의 나라

　　고대 이교도 지식인들과 그리스도인들 사이의 논쟁은 이미 1세기부터 시작되었다(사도행전 17장 참조). 2세기에 이교도인 켈수스Celsus가 그리스도교를 비판하자 3세기에 오리게네스Origenes가 응답했다. 그리고 다시 포르피리오스가 오리게네스를 공격했다. 콘스탄티누스황제 이후로는, 흥분을 잘하고 단명한 율리아누스황제를 제외하곤 모든 황제들이 그리스도교 신앙을 고백했다. 그러나 대부분의 귀족들과 부유한 지주들은 물론 그들의 영지에 살았던 소작농들은 보수적으로 남아 있었으며 다신교적 제의에 결부되어 있었다. 하지만 지식인들이 옛 신화를 그대로 믿었던 것은 아니다. 신전에서 추앙받는 신들이 극장에서는 이미 오래전부터 조롱거리가 되어 있었으며, 교실에서는 좀더 점잖은 방식으로 파괴되었다. 그러나 종교 의례는 여전히 보이지 않는 힘들을 상서롭게 유지할 수 있는 수단으로 받아들여졌다. 의례를 거르면 기아, 가뭄, 역병, 군사적 패배가 뒤따를 게 분명했다. 이런 의례들을 버리려면 그보다 더 우월한 방법을 따른다는 명분이 있어야 했다. 신전에서 드리는 제의에 대해서 신플라톤주의자들은 둘로 의견이 갈렸다. 다수에게 가장 중요했던 것은 영혼의 내적 정화였다. 희생 제물이나 신상이나 외적 의식들은 기껏해야 정신을 환기시켜주는 상징일 뿐이었다. 하지만 다른 이들에게는 옛 의례들이 여전히 중요했으며, 그리스도인들의 공격을 받게 되자 더욱 중요해졌다. 4세기의 신플라톤주의자들은 강박적인 의식주의에 빠져들었던 것 같은데, 어떤 경우에는 그들의 믿음을 입증해주는 기적적 현상들이 일어나기도 했다. 그들의 행동은 그리스도인들이 이교도 제의를 마법과 주술이라고 규정한 것을 확인해주는 듯 보였다.

（앞에서 살펴보았듯이） 제의에 관한 문제에서 포르피리오스는 이중적 태도를 보였다. 그는 옛 의례들이 불멸하는 전통의 무게를 지니고 있으며 사악한 영혼들을 달래준다고 인정했으나, 다른 한편으론 동물을 제물로 바치는 데 혐오감을 느꼈다.

아우구스티누스가 서품받았을 즈음, 제국의 정책으로서 이교도들의 신전을 폐쇄하고 희생 제사를 금지하는 칙령이 연달아 제정되었다. 그 결과 교회에 대한 증오가 자라났다. 반反그리스도교 폭동이 여러 차례 일어났으며 인명과 재산 손실이 컸다. 410년 로마에서는 알라리크Alaric가 이끄는 고트족을 무찌르게 해달라고 그리스도인들이 베드로와 바오로, 라우렌시오와 그 밖에 로마의 다른 수호성인들에게 전구(轉求, intercession: 성모 마리아, 성인, 천사가 신자들의 기도를 하느님께 전달하는 것, 또는 그들이 신자들을 위해 하느님께 기도해 주는 것—옮긴이)를 청하고 있는 동안 이교도 귀족들은 특별 희생 제사를 바쳤다. 결국 알라리크는 로마를 약탈했지만, 그리스도교 교회들에 대해서는 존중하는 태도를 보였다. 그리스도인들은 이교도들이 너무 많았기 때문에 이러한 참사가 일어났다고 생각했다. 이교도들은 그리스도인들이 옛 신들을 간과했기 때문이라고 비난했으며 왜 그리스도교의 시대가 된 뒤부터 더 많은 재난이 일어나는지를 물었다. 410년 8월 24일 영원한 도시 로마의 몰락은 정치적이기보다는 상징적인 의미가 더 크긴 했지만, 이로 인해 역사에 개입하는 신의 섭리에 대한 토론과 그리스도교가 로마제국의 몰락을 초래했는지에 대한 논쟁이 불거졌다. 이에 대응해 아우구스티누스는 '방대한 역작magnum opus et arduum' 『신국론』을 집

8. 배교자 율리아누스황제

필하기 시작했다. 그는 평신도 시절에 쓴 『참된 종교』에서
다뤘던 주제들을 『신국론』에서 더욱 웅장한 규모로 발전시
켜나갔다.

　『신국론』이라는 제목은 구약성경의 시편에서 가져온 것
인데(원제목 De Civitate Dei는 '하느님의 도성에 대하여'라는 뜻
이다―옮긴이), 플라톤의 『국가론Politeia』과 키케로의 『국가론
De re publica』과 의식적으로 대비시키고자 선택했다. 실제로
어떤 부분들은 플라톤과 키케로의 저술과 직접 대결하고 있
다. 그는 스물두 권으로 된 이 작품을 장장 13년에 걸쳐 저술
했다. 59세에 집필을 시작해 72세가 되었을 때 완성했다.
　1권부터 5권까지는 옛 신들만이 로마의 이익을 보호해준
다고 보는 다신교 신자들의 주장에 대한 응답이다. 그 신들
은 그저 신격화된 인간들이 아니었을까? 유명한 학자인 바
로Varro가 일찍이 로마의 종교를 연구해 이교도 제의의 소소
한 측면들까지 해박한 지식을 담아 소책자로 냈는데, 아우구
스티누스는 이 자료를 십분 활용하였다. 아우구스티누스가
불과 몇 년 전까지 아프리카에서도 이어지던 이교 전통에
관해 기술하는 대신, 무려 5세기나 전에 저술된 책에서 다신
교에 대한 묘사들을 가져와 엮은 이유가 궁금할 수도 있다.
당대의 이교도 지식인들은 자기방어로써 마크로비우스Mar-

9. 『신국론』, 가장 오래된 것으로 알려진 필사본

crobius의 『스키피오의 꿈에 관한 해설Commentarii in Somnium Scipionis』이나 『농신제Saturnalia』에서 볼 수 있는 고고학적 관심을 강하게 발전시켜왔다. 그리스도교에 대항하는 그들의 주장은 그리스도교가 오염되지 않은 순수한 전통이 아니라는 것이었다. 아우구스티누스는 신뢰할 만한 권위자를 인용해, 오염되지 않아 순수하다는 이교도 전통이 사실은 얼마나 시시하고 당혹스러운 것인지를 제시하는 일에 나섰다.

6권부터 10권까지는 신플라톤주의자들을 겨냥해 썼다. 이들은 다신교 전통을 정화에 이르는 길로 재해석하고 있었다. 여기서 여러 신들은 인간과 지고의 영역 사이에 있는 중개자들이 된다. 아우구스티누스처럼 아프리카 출신인 아풀레이우스가 쓴 플라톤주의적 저술에 이러한 주장이 많이 나타난다.

아우구스티누스는 플라톤주의에 대해 친근하면서도 비판적으로 논의를 펼쳤고, 이것이 당시에 플라톤을 거의 성스러운 권위로 여기며 플라톤의 저작에서 어떤 것도 수정할 수 없다고 생각한 열혈지지자들에게 충격을 주리라는 것을 알았다. 그러나 그는 그리스도교를 증오한 포르피리오스에게서 플라톤주의 전통을 과격한 방식으로 시대에 맞게 재해석하여 그리스도교에 현저하게 가까이 다가갈 수 있는 가능성을 발견했다.

아우구스티누스는 로마의 제국주의와 스토아학파의 자기 충족과 (그가 깊이 존경하고 또 개인적으로 빚지고 있는) 신플라톤주의의 자기 정화를 그들의 자만심을 드러낸 것이라 여겨 거부했다. 그가 보기에 인간 존재의 궁극적인 긴장은 이성과 열정 사이에 있지 않았다. 이 둘은 모두 똑같이 자기 확신의 도구가 될 수 있다. 『신국론』 14권에서는 감정을 하느님이 주신 인간 본성의 좋은 구성 요소라고 옹호하면서, 감정을 억압해야 한다고 하는 스토아학파의 생각을 공격했다. 사랑은 인간의 근본적인 충동이다. 사랑은 올바른 방향, 곧 하느님과 이웃을 향해야 한다. 오랜 인본주의의 이상은 인간의 존엄성을 신과 같은 경지에 올려놓는 것이다. 이는 포르피리오스가 『영혼귀환론』에서 권고한 대로 육체적인 모든 것에서 아우구스티누스는 육체를 악의 뿌리로 보는 관점을 거부했다. 하지만 다른 한편으로, 인간의 최고선을 이승의 삶에서 획득할 수 있고 사회적, 문화적 또는 기술적 성취에서 찾을 수 있다는 생각은 그저 환상이라고 여겼다. 최고선은 영원한 생명에 있으며, 하느님 안에 그리고 하느님과 함께 있다. 그렇다고 이러한 생각이 현재 삶의 가치들을 거부해야 한다는 의미는 아니다. 하지만 이로 인해 현세적 가치들은 상대적인 것들이 된다.

『신국론』의 몇몇 구절들은 로마제국과 여타 정치 기구들을 권력자들의 사악한 지배와 압제를 지탱하며 권력에 굶주려 있는 조직들로 폄하하는 인상을 준다. 살루스티우스가 공화정 로마의 역사에 있었던 내부 권력투쟁에 대해 꾸밈없이 서술한 내용들이 분명 아우구스티누스에게 확실히 영향을 끼쳤을 것이다. 그는 개인의 풍요로움과 공공의 불결함이 로마 사회의 특징이라고 하는 살루스티우스의 신랄한 언명에 동의하며 이를 인용하고 있다. 키케로(내부 권력투쟁의 희생자)가 말하길, 응집된 사회에는 법체계가 있어야 하며 공통 이해와 상호 의존으로 결속돼야 한다. 그러나 로마 역사는 침략적인 정복 활동을 멈춘 적이 없었다. 다신교 사회에서 어떻게 정의가 승리할 수 있겠는가? '정의가 없다면, 정부란 거대한 도적떼가 아니고 무엇이겠는가?'(CD 4.4)

그러나 이제 그리스도교의 시대가 도래했다. 이제 그리스도에게서 드러난 한 분이신 하느님을 진정으로 섬길 줄 아는 황제에 의해 정의가 확립될 수 있을 것인가? 젊은 시절에 쓴 글들에서 아우구스티누스는 때때로 이 질문에 대해 긍정의 대답을 하거나 긍정의 대답을 할 수 있다는 듯이 말했다. 그 글들을 읽어보면 마치 그리스도교로 개종함으로써 늙고 지친 사회가 재생되고 '정의로운 제국'이 가능해지는 것만 같다(E138.14). 그리고 이교도 제의만이 아니라 도나투스파와 같은 이단 분파들을 누르고 가톨릭교회를 지지하는 법률들이 제정됨으로써 로마제국이 '그리스도교 제국'(GC ii.18)이 될 것처럼 보인다 (이 구절은 아우구스티누스의 방대한 저술에서 단 한 번 나타나지만, 그러한 생각은 다른 몇몇 부분에도 잠재되어 있으며, 그는 '그리스도교 세계'라고 말하길 좋아했다). 그렇다면 권력과 충성을 독점해야 하고, 교회를 주권에 대한 위협으로 보아 제거하려 하는 것이 모든 정부에 본질적으로 내재된 것은 아니었다. 게다가 사도 바오로(로마서 13장)는 국가의 정부에 권위적인 지지를 보냈다. 천국으로 이끌어주지는 못해도, 적어도 지옥으로 이르는 길을 막아주는 섭리의 도구로서 정부를 긍정적으로 평가했던 것이다.

『신국론』을 쓰던 노년의 아우구스티누스는 정치체제에 대해 더는 그처럼 낙관적 단어들을 사용하지 않았다. 콘스탄티누스황제의 개종은 대단히 환영받았지만, 천년왕국(종말 이전에 그리스도가 재림하며 천 년 동안 통치하리라는 평화의 나라[요한묵시록 20:1~5]—옮긴이)을 실현시킨 것은 아니었다. 『신국론』19권은 천상의 국가와 지상의 국가 사이에 겹치는 가치들에 대해 분석한다. 당연하게도 그 둘은 성과 속, 예루살렘과 바빌론이 갈리듯 완전히 구분된다. 권력과 부, 편의와 쾌락을 위해 만들어진 지상의 도성은 천상의 도성과 정반대다. 이승의 삶에서 천상 국가의 가치들은 교회에 의해 추구되며, 이 때문에 교회는 지상의 천국과 동일시될 수 있다(마태오복음 13장). 두 국가 사이의 차이는 실제로 종말론적인 척도에 따라 드러나는 것이긴 해도, 두 국가 모두 두 가지 공통 사항, 곧 정의와 평화에 관심을 갖는다. 물론 이 두 단어를 가지고 각자 의미하는 바가 언제나 정확히 똑같지는 않다.

정의와 관련해 볼 때, 하느님의 나라는 명확히 가난한 이들에게로 편향되어 있다. 아우구스티누스는 이교를 옹호하는 자들 가운데 가장 목소리가 큰 사람들은 옛 사회질서를 옹호하는 자들 중에 있다는 사실에 주목했다. 옛 질서 속에서 가난한 이들은 부자들의 비위를 맞췄고 부자들은 그들에게 예속된 평민들을 착취했다(CD 2.20). 무료 급식소에서 끼니를 때우는 극빈자들을 구제하기에는 개인적인 자선과 교회의 헌금이 얼마나 불충분한가를 그는 깨달았다. 빈곤의 규모가 너무나 커서 소득을 재분배하는 조세 제도 없이는 구제할 길이 없었다(CD 5.17).

어떤 이교도 지식인이 예수의 산상수훈(山上垂訓, the Sermon on the Mount: 마태오복음 5장~7장에 기록된 예수의 설교 내용으로 예수의 가르침 전반을 요약적으로 잘 드러내고 있다. 예수가 산 위에서 가르쳤다고 해서 산상수훈이라고 부른다―옮긴이)을 실천하려면 이 제국이 끝장나야만 할 것이라고 주장했을 때, 아우구스티누스는 당황하지 않고 응수했다. 피해를 당한

10. 콘스탄티누스황제 거상 머리 부분 (막센티우스황제의 바실리카에서 발굴. 팔라초 데이 콘세르바토리Palazzo dei Conservatori. 로마)

만큼 보복하는 식으로는 어떠한 사회도 제대로 작동할 수 없다. 그러므로 그리스도의 원칙들은 이 세속 세계에서 행복 및 평온을 누리는 것과 절대 무관하지 않다. 풍족하지만 부와 권력에 집착하는 사회는 수많은 근심과 걱정으로 고통을 겪는다. 그런 사회에서는 악마적인 자만과 질투가 부유한 개인들에게 들러붙어 떠나지 않는다. 아우구스티누스는 자신이 죽고 한 세대 안에 서방 세계에 닥쳐올 일들에 대해 주목할 만한 예견을 하면서, 크고 오만한 제국에 이어 여러 개의 더 작은 국가들이 등장한다면 이 세계가 더 행복한 곳이 되리라는 암시를 주었다(CDiv. 15). 하느님의 나라에는 로마인들을 위한 자리만큼이나 고트족을 위해서도 충분한 공간이 있다.

아우구스티누스의 이야기는 제국의 애국자들을 분노하게 했다. 그는 제국이란 흥하고 망하는 것임을 알았지만, 당대의 비관론자들이 이야기하는 것처럼 로마제국이 기울고 있다고 생각하지는 않았다. 로마인들이 쓰러져야만 로마도 쓰러질 것이다. 사람들은 자신들이 살고 있는 시대를 저주하곤 했다. '그러나 시절이 좋고 나쁘고는 개인 생활과 사회생활의 도덕적인 질에 따라 달라진다. 그것은 곧 우리 자신에게 달려 있다.'(S80. 8) 각 세대는 자신들의 시대가 특별히 더 끔찍하다고 여긴다(S25). 도덕과 종교가 자신들의 세대만큼 그렇게 땅에 떨어진 적은 일찍이 없었으며, 문명의 가치들이 이보다 더 위협받은 적도 없었다는 것이다. 아우구스티누스는 숙명론에 맞서, 일이 잘못되어갈 때 그에 대해 책임감을 느낄 수 있도록 사람들을 일깨우는 것이 자신의 의무라고 생각했다. 사람들은 다음에 일어나게 될 일에 관여할 권한을 가질 수 있다.

아우구스티누스는 교회와 제국 모두가 추구하고 있는 '평화'라는 말을 마치 권력을 향한 끝없는 투쟁에서 잠시 일시적으로 이루어지는 연약한 타협의 결과물인 양, 정치나 사회적 조건에서만 정의하지는 않았다. 그는 오직 강력한 정부만이 사람들에게 평화를 보장해줄 수 있고 사회적 무질서에 대한 두려움 없이 살아가게 해줄 수 있음을 당연하게 여겼다. 또한 로마법을 잘 알고 있었으며, 사회의 응집성을 위해 꼭 필요한 것으로 여겨 깊은 존경심을 품고 논했다. 예를 들어, 어떤 사람이 강도를 만났다고 해도 법을 자기 손아귀에 넣고 마음대로 휘둘러서는 안 된다. 인간 마음에서 일어나는 왜곡과 탐욕과 반사회적 부패 때문에 법과 정부는 반드시 있어야 한다. 그와 동시에, 이러한 부패는 너무나 깊은 곳까지 닿아 있어 하느님의 치유하시는 은총 없이는 참된 평화도 있을 수 없다. 평화의 기초는 각자에게 마땅히 받아야 할 것을 주는 정의다. 참된 평화와 참된 정의는 현재에도, 또 앞으로도 이 세계 너머에 존재하며, 하느님의 목적에 따른 고차원적 질서에 속한다. 인정하건대 은총을 입은 시민들의 수는 아주 적은 소수에 지나지 않지만, 이 소수의 무리가 결정적으로 중요할 수 있다. 정부라는 것이 덕을 장려하기보다는 악을 억압하는 데 더 효과적이라는 것을 그는 잘 알고 있었다. 통치자들에게 첫째가는 책무는 방위와 공공질서, 물질적 편의와 번영뿐 아니라 대중을 위한 오락까지 제공하는 것이었다. 그러나 시민의 덕행에 대한 책임이 없지는 않았다. 지방 총독이나 행정관들이 그리스도인이라면 선과 진리를 지지하고 널리 퍼뜨릴 종교적이고도 공적인 의무도 있었다.

아우구스티누스는 제약과 처벌 없이는 인간의 탐욕이 거대한 무질서를 가져오리라는 전제 위에 정치체제가 성립되어야 한다는 것을 늘 의식하면서 정치 문제에 대한 글을 썼다. 그러나 세상은 하느님께 속한 것이라고 여전히 생각하고 있었다. 그가 생각하는 세계가 토머스 홉스의 세계처럼 흉포하지는 않았다. 좋은 정부와 입법기관은 무력을 통해서가 아니라 도덕적 기반을 인정받음으로써, 곧 '영원한 법'인 참된 정의의 그림자 또는 이미지에 기반하여 그 권위를 누릴 수 있다고 말할 수 있었다. 그에게 정부란 인류의 타락으로 풀려난 파괴적 세력들에게 부과되는 질서의 원칙을 실제로 구현한 것이었다. 이런 관점에서 보면, 통치 질서란 그릇된 것을 없애기보다는, 의도하지 않은 선한 목적에 맞게 악을 적절히 조절하는 것일 수 있다. 이를테면 노예제도나 사유재산 같은 질서가 그러하다.

한 사람이 다른 사람을 지배하는 것은 남용될 수도 있지만, 모두가 각자 자기 자신을 위해 사는 상황이나 무정부 상태보다는 덜 악하다. 아우구스티누스는 노예무역을 증오했다. 그는 할 수 있을 때면 성당 헌금함을 털어 노예를 학대하는 집안에서 시달리던 노예들을 풀어주려 했다. 한번은 그의 사람들이 히포 항구에 정박한 선박에서 노예들을 직접 풀어주기도 했다. 억울해하는 노예 주인들에게는 교회의 헌금함을 털어 배상해주었다. 궁핍한 부모들이 자식들을 내다파는 것을 막기는 어려웠다. 또 한번은 그럭저럭 잘살던 소작인이 아내를 팔아버린 일이 있었다. 이 소작인은 아우구스티누스의 질책을 듣고서도 자신은 돈이 더 좋다고 당당하게 말했다. 이에 아우구스티누스는 아연실색하고 말았다. 그렇다고 노예제는 완전한 악이라고만 할 수는 없었다. 좋은 집안에 속한 노예들은 당시 노동 시장의 대다수를 이루고 있던 자유로운 임금 노동자들보다도 잘 입고, 잘 먹고, 좋은 집에서 지냈기 때문이다.

질서는 매우 중요했으므로 악한 인물이라도 적법하게 황제 자리에 오른 인물은 복종을 요구할 권한이 있었다. 그리스도를 따르는 사람은 몸으로는 황제에게 복종하며 정신과 영혼으로는 하느님께 복종해야 한다. '외국 땅의 여행자처럼'(CD xix.17) 하는 것이긴 하지만, 그리스도인의 정치 참여는, 능력이 허락한다면 수동적인 묵인에 머물러서는 안 되고 긍정적인 의무가 되어야 한다. 상업에서도 그렇지만 사회의 공공 영역에서 일할 진실된 사람이 있어야 한다. 힘있고 부유한 사람들이 마피아처럼 건네는 뇌물과 위협에 저항할 용기를 지닌 사람들 말이다. 아우구스티누스가 이렇게 말한 것은 그렇게 진실된 사람들이 드물었음을 보여주는 것이기도 하다.

그리스도인의 양심에는 형법 제도와 군복무가 도덕적 결정을 내리는 데 가장 문제가 되었다. 아우구스티누스는 고문과 사형에 대해 초기 교회에 거의 보편화되어 있던 견해에 동의했다. 곧 그리스도교의 인간관을 따르는 공동체 안에서는 고문과 사형을 받아들일 수 없다는 것이었다. '거의 보편화되어 있던' 견해라고 말해야 하는 이유는 그와 다른 견해도 있었기 때문이다. 4세기 후반, 이름이 밝혀지지 않은 한 그리스도인 법학자가 그리스도교 제국의 형법은 구약성경에 나오는 보복 원칙을 구현해야 하며, 전체적으로 전통적인 로마법보다 더 엄격해야 한다고 주장했다. 이 사람이 쓴 소책자는 중세에 널리 읽혔다. 아우구스티누스는 고문에 대

해 강하게 반대했으나, 고문은 당시 형사재판 절차에서 일반
화되어 있었고, 특히 반역죄를 다룰 때 그러했다. 그 때문에
무고한 사람들이 자신이 저지르지 않은 죄를 고백했고 결국
고문 후유증으로 불구가 되었다. 그가 보기에 사형은 교정의
의도와 양립할 수 없었다. 게다가 실수로 사형 판결이 내려
지는 경우도 있었다. 하지만 군복무에 대한 아우구스티누스
의 태도는 그다지 엄격하지 않았다. 그는 자기를 방어하거나
도난당한 물건을 되찾기 위해 사용하는 무력은 합법적이라
는 의견을 받아들였다. 키케로도 전쟁은 오직 자기를 방어하
거나 명예를 지키기 위해서만 해야 한다고 주장하지 않았던
가? 아우구스티누스가 생각하기에 전쟁이란 갈등을 해결하
기에 적절한 방법이 아니었다. 그는 그리스도교의 시대에는
전쟁이 억제되리라는 희망을 공유하고 있었다. 그러나 그리
스도인들이 소중하게 여기는 가치들을 지키려면 불의한 침
략에 저항해야 할 일이 계속 생기리라는 것도 인정했다. 사
하라사막의 부족들이 로마인 정착지를 공격했을 때 그는 그
리스도인 사령관들에게 편지를 써서 습격자들을 진압하는
것을 종교적 의무로 여기라고 권고했다.

그럼에도 아우구스티누스는 적대적 충돌을 최대한 억제
하는 것이 종교와 정치 모두가 반드시 해야 할 일이라고 생
각했다. 종교가 요구하는 인간성은 정치적으로도 올바르다.

전쟁은 때로 꼭 필요한 것이라 하더라도 인간을 존중하는 정신을 가지고 수행해야 한다. 적에게 모욕과 억울함을 남겨 주어 미래 분쟁의 씨앗을 심는 것과 같은 일은 없어야 한다. 포로를 죽이는 일은 (고대의 전쟁에선 흔한 일이었지만) 허용되어선 안 된다. 그러나 어떤 병사가 정당성이 의심되는 전쟁에서 싸웠다 해도, 명령에 복종해야 했던 것이라면 양심의 가책에서 충분히 면제될 수 있다. 그러나 정의로운 제국 내부의 형법이 따라야 할 일반적 원칙들은 국가 사이의 분쟁에도 동등하게 적용될 수 있다.

플라톤과 아리스토텔레스처럼 아우구스티누스 또한 정치적 사안들이 모든 윤리적 사안들과 따로 떨어져 있다고 보지 않았다. 물론 그는 이 세속적인 세계에 진정 정의로운 사회를 건설할 능력이 있다고는 생각하지 않았다.

『신국론』 곳곳에서 로마는 악마의 힘에 사로잡힌 지상 공동체의 상징적 머리인 반면, 교회는 적어도 하느님 나라를 선취한 것으로 그려진다. 둘에 대한 오래된 종말론적 대조가 절정에 이르자, 종교는 이 세상의 주된 관심사인 권력, 명예, 부, 성性과는 무관한 영역이라는 가정 아래서 '세속화'에 대한 전제조건들이 생겨났다. 그러나 『신국론』에는 이 세상에 대한 하느님의 목적에 부합하는 긍정적 함의를 로마에 부여하는 반면, 현실의 교회가 세속적인 세상과 타협함으로써 하느님의 뜻을 실현하는 데 실패한 것으로 보는 본문들도 있다. 아우구스티누스는 국가가 그리스도교로 개종하면 정치·사회의 어떤 문제들이 완화되긴 하지만, 그렇다고 해서 즉각적인 해결책이 제시되는 건 아니라고 확신했다. 도나투스파를 논박하는 글들을 보면 그가 '교회와 국가'를 독립된 권력기관으로 보지 않았음을 알 수 있다. 그는 그리스도인 통치자라면 교회를 지원하고 죄에 맞서는 것으로 알려져야 한다고 믿었다. 그러나 만약 중세 교회법 학자들이 자신의 글을 해석해 교황을 머리로 하는 교회의 주교들이 제국을 다스려야 한다고 주장할 것을 알았다면 엄청나게 놀랐을 것이다. 그는 열정적으로 교회를 사랑했지만, 성직자든 평신도든 교회에 속한 이들이 타락하는 모습은 그를 침울하게 했다.

『신국론』의 결론부에서 그는 종말에 일어날 일들에 관한 그리스도교의 교의에 대해 기술했다. 지상의 도성과 천상의 도성은 지옥과 천국에서 각각 그 정점을 맞는다. 이런 절대적 흑백 대립은 그에게 의혹을 일으켰다. 지상의 교회에는 분명 잘 드러나지는 않더라도 신심과 선행에 몰두해 이승에서 천사와도 같은 삶을 실현하며 살아가는 헌신적 개인들이 있었다. 또한 교회에는, 나중엔 변화된다 하더라도 세속적인 동기를 가지고 개종한 사람들도 포함되어 있었다. 힘있는 주인을 두려워했을 수도 있고, 여자 손을 잡고 싶었을 수도 있고, 아니면 장사에 운이 따르기를 바랐을 수도 있다. 어떤 이들은 육체의 건강을 얻으려 교회에 오기도 했지만, 아우구스티누스는 이러한 사람들을 전혀 경멸하지 않았다. 물론 교리 교사들은 이들에게 종교에는 더욱 높은 차원의 목표들이 있다는 것을 가르쳐야 했다. 아우구스티누스의 교회에서 다수의 사람은 '보통의 지각을 지닌 사람들'이었다. 신앙에 기초해보면, 그들의 도덕적 이력은 하느님의 심판 불을 견뎌낼 금이나 은이기보다는 타서 없어질 나무나 풀에 더 가까웠다(코린토1서 3장). 그들은 하느님이 잘못을 용서해주시길 기도했으며 내세에 대한 희망에서 하느님의 자비에 의지했다. 그리고 그리스도의 구속救贖을 기념하는 성찬례와, 살아 있는 이와 죽은 이들을 위한 성도들의 중보 기도에서 이러한 하느님의 자비를 간구했다. 아우구스티누스는 절대로 그리스도인들에 대한 윤리적 요구가 엄격해선 안 된다거나, 현세에서 행한 일들이 사후에 맞게 될 운명과 관련 없다고 하지 않았다. 그러나 그는 현세와 내세에서 계속될 영혼의 순례에서 육신의 죽음은 다만 그 길 위에서 우연히 마주치는 사건일 뿐이라는 것을 인정했다. 이승의 삶에서는 그리스도를 제외하곤 어느 누구도 죄가 없지 않다. 그리고 '경건한 신앙이 요구하는 대로' 성모 마리아는 자죄(自罪, actual sin: 원죄original sin에 대비되는, 스스로 지은 죄―옮긴이)가 없긴 했지만(N 42), 원죄 없이 태어난 것은 아니며, 아들에 의해 구원받았다고 생각했다(P34.ii.3). 그렇지 않았다면 나날이 더럽혀지는 현세의 삶으로 인해 모든 이들이 얼룩진 채 남아 있게 될 것이다(CD xx.6.1).

그러므로 성화(聖化, sanctification)란 계속되는 길고 긴 과정이다. 죽은 뒤에도 자신을 주저하게 만드는 꿈 때문에 '잠'을 설치는 사람들이 있을 것이다(S328.5). 아우구스티누스에게 '지옥'은 어떤 물리적 장소가 아니라 눈멀고 하느님과 멀어진 영혼의 상태였다. 이교도들은 지옥 개념이 사람들을 무섭게 해서 교회에 나오게 만들려는 이야기라며 조롱했다. 그러나 플라톤주의 철학자들은 어떠한 죄도 벌받지 않은 채로 넘어갈 수는 없으며 잘못을 교정해주는 징계가 있다고 생각했다. 아우구스티누스 또한 하느님의 징벌은 교정을 위한 것이라고 생각했다.

『신국론』에 대해서 정치 이론에 관한 서술이라거나, 사건들의 흐름 속에서 신의 흔적을 가려내려는 역사철학이라고 생각하는 것은 옳지 않다. 아우구스티누스는 실제로 그러한 흔적을 가려내는 것이 얼마나 어려운지를 책의 여러 지점에서 논한다. 역사 속에서 강대국들이 흥하고 쇠하지만, 그 이유는 분명치 않다. 인간 의지에 따른 결정도 닥쳐오는 죽음

아우구스티누스 | Augustine

도 모두 예견할 수 없다는 사실은 많은 일들이 불확실하다는 것을 의미한다. 신앙을 가진 사람은 사람의 정신에는 일관되지 않아 보이는 것이라도 하느님에게는 일관된 것이라고 주장한다. 재난은 사람을 울게 할지 몰라도, 어떤 이유에서건 경이를 자아낸다(E111.2). 아우구스티누스는 집단 이기주의의 수단이 되기 좋은 인간 사회의 많은 제도들보다는 인간 개인에게 더 많은 희망을 두려 한다. 플라톤주의자라면 어떤 경우에도 역사에 대해서, 관찰 가능한 인과법칙을 지니고 있으며 인과율의 운동 속에 내재하는 목표를 지닌 자족적이며 자립적 과정이라고 쉽게 느낄 수 없었을 것이다.

제10장

_____

본성과 은총

　30대의 아우구스티누스는 마니교에 대한 반작용으로 교회의 권위와 개인의 자유를 모두 강조했다. 그러나 자유 선택에 대해 글을 쓸 때조차, 타락한 인간을 구해주시는 하느님의 은총 없이는 누구도 옳은 길로 갈 수 없다고 선언했다. 이렇게 인간의 연약함을 인정하는 것이 이성을 폄하하는 것은 아니었다. 키케로의 『호르텐시우스』를 읽은 후에 그는 행복을 규명하기 위해 이성을 적용하는 일에 대해 항상 묻게 되었다. 말년에 이르러 66세가 되었을 때는, 혼자 공부해서 자기 의견만 고집하는 한 신학자를 가혹하게 질책했다. 이 신학자가 전적으로 신앙 지상주의적인 입장에서, 이성은 신앙과 전혀 상관없다고 주장했던 것이다. 아우구스티누스는

'지성을 매우 소중하게 여겨라'라고 했다(E120.12 intellectum valde ama). 그럼에도 그는 죄가 판단을 휘게 하고 결연한 의지를 약하게 한다고 확신했다. 죄는 정신이 외부의 사물로 향하도록 부추겨 초월적인 실재들에 대한 관상에서 멀어지게 하기 때문이다. 그러므로 '신앙의 시초'를 심어줄 권위가 필요하다. 그런 뒤에 신앙은 이성에 의해 자라나고 강건해진다.

아우구스티누스가 주교가 된 후, 인간이 절대적으로 은총을 필요로 한다는 주제는 더욱 커져갔다. 마니교를 반박하는『고백록』의 중심에는, 죄 많은 사람이란 유아기의 시작부터 이기심에 마비되어서 제2의 본성인 습관의 포로가 된 사람이라는 내용이 있다. 오직 은총만이 진정한 자유를 회복시킬 수 있다. 그러므로 '하느님이 우리의 공로를 보상해주실 때 그분은 그분이 주신 선물에 왕관을 씌워주시는 것이다'(C ix.34 ― 이후에 아우구스티누스는 이 문구를 자주 반복했고, 1547년 트리엔트공의회에서 이를 차용했다).

『고백록』은 나오자마자 베스트셀러가 되었다. 아우구스티누스에게는 친구들이 많이 생겼고, 그를 비판하던 이들에게는 비판할 근거들이 추가로 생겼다. 이제 그리스도교로 개종하는 것이 반反로마적이라고 할 필요는 없다고 생각하기 시작한 로마의 부호들 사이에서『고백록』의 뛰어난 문장력에 대한 감탄이 이어졌다. 그러나 어떤 사람들은 도덕적 타협들이 용서될 수 있다는 식으로 책 내용을 오독하기도 했다. 만약 아우구스티누스가 반복해서 선언했듯이, 욕구의 절제가 오직 하느님의 선물로서만 가능하다면, 엄격한 방식으로 그리스도의 제자가 되는 일에 너무 많은 대가를 치러야 한다고 생각하는 예비신자들을 관대하게 연민하지 않아도 되지 않겠는가?

400년경 로마에는 오늘날의 영국 땅에서 온 펠라기우스라는 평신도 금욕주의 수행자가 있었는데, 영적 상담가로 상류사회에서 인기가 좋았다. 여기저기 돌아다닌 끝에 그는 로마에 정착해 바오로 서간에 대한 해설서를 썼는데, 여기에는 부분적으로 바오로 서간에 대한 마니교도들의 주장을 반박하려는 의도가 있었다. 펠라기우스의 정신을 형성하는 데 도움을 준 동방 그리스도교의 신학 전통에서는 인간 본성을 아우구스티누스보다 더욱 긍정적으로 평가했다. 펠라기우스는 하느님의 계명을 이행할 인간의 능력에 대한 절망을 저어했지만, 값싼 은총을 원하지도 않았다. 그는 하느님이 불가능한 것을 명령하시리라고는 생각할 수 없었다. 만약 사람이 하기로 마음먹었다면, 계명들, 특히 간음을 금지하는 그 곤란한 계명까지도 지킬 수 있는 능력이 이미 있는 것이다. 그리스도를 숭배한다는 것의 실체는 자기 멋대로 신비적인 감정들을 고양시키는 데 있는 것이 아니라 도덕적 행위를 하는 데 있다. 만약 모든 이가 제각기 아담에게서 잘못된 본성을 물려받았다고 주장한다면, 우리의 노력을 뿌리부터 타격하는 것이 아닌가? 사람들에게 그들의 의지가 부식되어 거의 아무것도 할 수 없는 지경에 이르렀다고 말하는 것은, 펠라기우스에겐 치명적일 만큼 기력을 빼놓는 것으로 보였다.

어떠한 행동도 의도적으로 선택한 것이 아니라면 죄라고 할 수 없었다. 펠라기우스는 죄의 보편성이란 아담이 끔찍한 본보기를 보인 뒤로 형성된 사회적 관습에서 초래된 결과라고 설명했다. 하느님 은총의 도움 없이 죄인은 해야 할 모든 일을 할 수는 없으며, 죄인의 의무란 그리스도의 모범을 따르는 것이다. 그러나 은총은 도와주는 것이지 모조리 통제하는 것이 아니다. 노 젓는 사람은 바람과 돛이 없어도 목적지까지 배를 몰아갈 수 있다. 돛이 있다면 더 쉽게 갈 수 있을 뿐이다. 사람이 정말로 단호히 결정을 내리고, 열심히 애쓰고, 진정 자기 힘으로 무언가를 하는 순간이 있기 마련이다. 인간의 의지까지 아울러 모든 것이 하느님 은총의 선물이라고 하는 교의는, 펠라기우스가 보기엔 재난 수준에 이를 만큼 사람이란 존재를 쇠약하게 만드는 것이었다.

아우구스티누스와 펠라기우스가 공개적으로 논쟁하게 된 일련의 사건들은 매우 단계적으로 일어났다. 두 사람 사이에는 서로 어긋나는 부분보다는 일치하는 부분이 훨씬 더 많았다. 두 사람 모두 인간이 육체적으로 죄스러운 사회의 전통 안에 갇혀 있다고 보았다. 펠라기우스는 죄라는 것이 육체를 통해 세습되는 것이 아니므로 자유 선택으로 죄에서 벗어날 수 있다고 주장했다. (그가 말하길) 하느님은 우리 양심을 위한 도덕법들을 주셨고, 자유의지를 주셨고, 세례 때 죄를 사해주셨으며 새로 의지를 다질 참회를 허락하셨다. 그러나 무엇보다도, 참으로 선한 의지가 있는 곳에는 어디에서나 도와주시는 은총을 주셨다. 하느님의 은총은 무엇이 옳은지를 알게 하는 조명을 주시며, 추가적인 조력을 더해주시되, 절대적으로 모든 것을 해주시지는 않는다. 이와 달리 아우구스티누스는 죄에서 벗어나는 과정 중에 어느 때든 인간이 제힘으로만 하려고 하면, 바로 거기에서 자기 본위와 고집이 주도권을 쥐게 될 것이라고 확신했다. 펠라기우스가 보기에 죄와 악은 부수적일 뿐, 필연적인 사실이 아니었다. 이런 생각은 아우구스티누스가 보기엔 인류 최초의 타락 이후부터 현실에 맞지 않게 되었다. 그는 인간의 본성적인 의지가 순수한 선에서 물러나 선에서 기쁨을 찾지 못한다는 사실을 지적했다.

아우구스티누스와 펠라기우스 둘 다 인간 조건을 죽음으로 끝나고 마는 비참한 것으로 보았다. 펠라기우스는 죽음이란 생물학적 필수조건이라 생각했다. 이와 달리 아우구스티누스는 죽음이 죄에 대한 벌이 아니라면 그에 대한 공포가 이토록 보편적이며 심원할 수 없으리라고 보았다.

아우구스티누스가 일생에 걸쳐 신의 섭리를 입증하려고 했던 데는, 어떠한 고통이나 상실에도 그럴 만한 이유가 있다는 믿음이 그 바탕에 깔려 있다. 아우구스티누스에게 자명한 이치였던 이 믿음을 펠라기우스의 전적으로 개인주의적인 관점에서 적용해본다면, 그건 하느님을 자기 마음대로 하는 폭군으로 만드는 것밖에 되지 않는 듯이 보였다. 그게 아니라면 왜 태어날 때부터 신체장애나 다른 결함이 있는 사람들이 존재하는가? 아우구스티누스는 이러한 추론을 절대 받아들일 수 없었다. 그러므로 그는 아담의 후손이라는 것만으로도 '지옥의 형벌을 받는 무리'에 들기에 충분하다고 말했다. 오직 자비로운, 그러나 설명할 수 없는 은총의 개입을 통해서만 쫓겨났던 그 지복에 다시 이를 수 있는 것이다. 자비를 입은 사람들은 오직 그 자비에 감사할 수 있을 뿐이다. 그들은 자비를 누릴 만한 일을 아무것도 하지 않았기 때문이다. 자비를 받지 못한 사람들에겐 아담 안에 있는 이들이 모두 마땅히 받아야 할 응보에 대해 불평할 근거가 전혀 없다. 오히려 그들은 현세의 삶에서 자연스러운 기쁨을 누리는 것에 대해 하느님을 찬미할 수 있다. 아우구스티누스는 선택되지 않은 사람들의 지옥행이 처음부터 예정되어 있었다고 말하지는 않았다. 하지만 마니교의 이원론과 자신의 견해를 구분하고자, 인간에게 있는 자유가 아니라 하느님 안에 있는 자유를 강조하는 쪽으로 기울기는 했다(DP 19). 하느님은 선택받지 못한 죄인들의 상실을 허하셨을 뿐, 명하지는 않으셨다.

아우구스티누스에게는 현재 상태의 인간 본성이 처음에 창조주가 의도하셨던 정상적 본성이 아니라는 것이 자명해 보였다. 최초의 타락이 있기 전에 인간에게는 자유 선택의 능력이 있었으나, 선을 행하지 못하게 하는 의지의 유약함은 없었다. 아담이 죄를 짓지 않았다면 이브와 함께 영원불멸하며 살았을 것이다. 그러나 낙원에 있을 때조차 아담은 은총을 필요로 했다(CDxiv. 27). 자신의 의지를 실현하는 데 도움이 되는 부가물로서가 아니라 필수불가결한 수단으로서 은총이 필요했다는 것이다. 마니교를 반박하려고 썼던 창세기 해설에서 아우구스티누스는 인간 창조에 대한 두 이야기를 설명하며, 영혼을 부여받은 인간이 하느님의 숨을 받게 되면서 자신의 혼(魂, soul)을 영(靈, spirit)의 수준까지 높이게 되었으리라고 암시했다. 이 이야기는 낙원에서조차 자연 상태의 인간 본성에도 초자연적인 하느님의 은총이 추가되었다는 것과, 이것이 바로 최초의 타락에서 상실된 것이라는 내용을 함축한다.

아우구스티누스가 보기에 펠라기우스는 반쯤 스토아학파와 같은 인본주의를 변호하는 것 같았다. 곧 멋진 이상들을 주장하고 있지만 인간 마음의 심연을 관통하는 데는 실패하고 있다는 것이다. 더욱이 펠라기우스에게 그런 의도가 있었던 것은 아니었지만, 그의 설명은 아우구스티누스가 듣기에 인간을 구속하는 데는 예수 그리스도가 인간으로서 보여주신 본보기만으로 충분하므로 교회의 성사들은 사실 꼭 필요하지 않다는 내용을 암시하는 것 같았다. 이에 대해 아우구스티누스는 그리스도인들이 어린 자녀들을 서둘러 데려와서 죄 사함을 위한 세례를 받게 해야 한다고 응답했다. 아우구스티누스의 관점에서는 유아세례의 보편적 시행에 대해 그 어떤 방어적 논증도 필요하지 않았다. 이것이야말로 개인의 의지 차원에서 행한 어떤 행위보다도 하느님의 선택적 은총의 주권이 앞선다는 것을 보여주는 최고의 예이다. 은총은 인간의 고결한 열망이나 행위에 대한 보상으로 주어지는 것이 절대 아니다.

마지막으로 오간 논쟁에서 아우구스티누스가 주장하는 교의의 주요 쟁점이 확연히 드러난다. 그가 보기에 인간은 도덕적으로 타락했으므로 교회에서 성사를 통해 베푸는 은총의 객관적 수단들이 지닌 권능과 필수성을 균형 있게 강조할 필요가 있었다. 은총은 세례를 통하여 담보되고 전달되는 죄의 용서와, 성찬례에서 갱신되는 새 생명에 초점을 맞추고 있다. 이런 논의는 교회의 권위에 큰 의미를 부여해주었다.

주교가 되기 전, 자유 선택에 대해 글을 쓰던 아우구스티누스는 세례받지 않고 죽은 아기들이 천국에 가지도 않지만, 지옥에 가는 것도 아니라고 생각했다. 펠라기우스파에서는 노년의 아우구스티누스가 이처럼 지혜로운 제안을 폐기해버리고, 부모가 아기들을 제때 세례받게 하지 못하면 자비롭고 정의로운 하느님께서 그 아기들을 지옥으로 보내실 수 있다고 믿게 되었다면서 비판했다. 아우구스티누스는 그러한 일이 일어난다는 것은 고통스럽다는 데 동의했다. 그러나 이는 숙명도 우연도 아니었다. 하느님의 세계에서는 어떤 일도 숙명이나 우연이 아니기 때문이다(DP 31). 요한복음서 3장에 근거해서, 그는 세례를 거부하는 사람은 누구도 천국에 갈 수 없다는 확신을 얻었다. 만약 세례받지 못한 아기들이 지옥에 가야 한다면, 그것은 개인적 선택 때문이 아니라 아담의 후손들이 모두 다 하느님과 소원해져 있기 때문이다. 세례의 필요성에 대한 인정은 원죄를 증명했고, 인간 본성의 결점은 신앙과 세례의 필요성을 입증했다. 아우구스티누스의 관점이 생물학적인 유전 개념을 인류의 사법적 책임

개념과 뒤섞였다는 것은 명백하다. 그는 자신이 폭풍 속으로 항해해 가고 있음을 재빨리 알아차렸다.

펠라기우스파와 논쟁을 벌이면서 아우구스티누스가 취한 관점들은 당대뿐 아니라 후대 비평가들도 유감스럽게 여길 만했다.

아우구스티누스를 비판한 이들 가운데에는 펠라기우스파에 속하는 (남부 이탈리아의 베네벤토Benevento에 가까운) 에클라눔Eclanum의 주교 율리아누스가 아우구스티누스와 같은 급의 지명도를 지닌 인물로서 가장 눈에 띈다. 그가 느끼기에 아프리카의 비관주의는 이탈리아 교회들의 자연스러운 분위기와 맞지 않았다. 아우구스티누스는 생의 마지막 몇 년을 율리아누스와 날카로운 논쟁을 주고받는 데 몰두했다. 이들의 논쟁에는 정당한 언쟁과 상스러운 표현들이 뒤섞였다. 율리아누스는 아우구스티누스가 죄의 전이에서 성性이 하는 역할에 관해 설명한 부분을 물고 늘어졌다. 율리아누스가 보기에 아우구스티누스는 여전히 뉘우치지 않은 마니교 신자였다. 마니에 사로잡힌 채로 10년을 보냈으니 본인 스스로 생각하는 것보다 훨씬 더 많은 영향을 받았고, 그래서 창조주의 피조물들을 증오하며, 하느님이 인간에게 자유의지를 주시면서 인간을 '해방시켜' 스스로 설 수 있게 하셨음을 부인한다는 것이었다.

아우구스티누스는 열렬히 자신의 관점을 방어했다. 그가 느끼기에 인류 전체가 성을 개인과 사회 문제의 근원으로 여기고 있다는 데서 자신의 의견은 증명된 것이었다. 동물들 사이에선 짝짓기의 본능이 오직 특정 시기에만 작동한다. 그러나 사람의 경우 성적 충동이 지속적으로 문제를 일으킨다 (S Frangip.i.8). 수치스러움은 보편적 현상이다. 혼인한 부부 사이에서는 성적 결합이 의문의 여지 없이 고결한 것임에도, 그마저 비밀스럽고 어두운 장소에서 이루어지는 것이 보통이다. 그래서 견유학파大儒學派(문명과 인위를 거부하고 자연에 일치하도록 자연스러운 삶을 추구했던 그리스 철학의 학파—옮긴이) 철학자들은 거리에서 성교를 함으로써 여론을 성나게 했던 것이고, 아우구스티누스 당시에는 그런 일이 없어진 지 이미 오래였다. 혼외정사는 아주 흥미로운 소문들을 일으켰다. 인간의 존엄성과 동물성 사이의 커다란 간격은 많은 희극의 중심 주제가 되었다. 매력과 혐오가 결합된 인간성을 표현하려는 목적 이외에, 터부가 되는 말들이 만들어진 이유가 또 있겠는가? 도시의 사창가는 특별한 지역에 따로 있지 중심 거리에 있지 않다. 성이 더 높은 차원의 열망과 긴장 관계를 이룬다는 것은 직관적 감각으로 알 수 있다.

아우구스티누스는 현대 독자들에게 기이하게 보일 논법을 반복해서 사용했다. 성적 결합을 가능하게 하는 생리학적 변화들은 이성이나 의지로 제어할 수 없다. 육체와 이성은 서로 불화할 때가 있어서 육체는 흥분했으나 이성과 의지는 이를 원하지 않을 때도 있고 또 그 반대일 때도 많다. 더구나 이성적 사고를 마비시키면서 '성적 황홀경은 정신을 집어삼킨다'(J4. 71). 성적 충동이 지닌 이 비합리적이고 불수의적인 특성에서 아우구스티누스는 자신의 견해가 참이라는 사실이 궁극적으로 드러난다고 보았다. 당연히 그는 신체의 반사작용에 대해 아무것도 알지 못했다. 그래서 그는 (이브가 창조된 이후에 곧바로 타락이 일어나지 않았다는 가정 아래) 타락 이전의 아담과 이브의 성생활을 구성해봤다. 그들의 결합은 고요했으며 이성의 지배 아래 있었을 것이 분명하다. 그건 마치 우리가 원할 때면 언제나 손발을 움직일 수 있는 것과 같았으리라. 낙원에서 이루어진 그들의 결합은 '최상의 쾌락'의 근원이었다. 아우구스티누스는 2세기 영지주의자들 사이에 널리 퍼져 있던 생각, 곧 최초의 타락이 뱀의 유혹 때문이라든가, 아담과 이브가 적당한 때에 이르기 전에 성적으로 결합해 타락했다는 옛 전승들을 받아들이지 않았다. 성교가 타락의 결과라는 견해(자신도 한때 주장했던)를 그는 열렬하게 부인했다. 오히려 타락이 성교에 영향을 준 것이다.

성에 대한 그의 논의는 분량이 상당할 뿐 아니라 점잖은 태도와 거리가 멀었고 너무나 솔직해서 그는 이 주제의 심각함을 다룰 수 있는 정신을 지니지 못한 사람들이 읽을까 봐 걱정했다. 의학은 그 자신이 스스로 공부한 과학 분야였다. 그의 서재에는 임상 교과서들이 있었다. 에클라눔의 율리아누스에게 답신을 쓰는 동안에는 부인과婦人科 분야에서 가장 훌륭한 안내서를 공부하기도 했다. 당시의 아우구스티누스가 세상과 떨어져 독신으로 살고 있는 남자이기 때문에 자신이 무슨 이야기를 하고 있는지 알지 못했다고 비난할 수는 없다. 그는 주교로서 결혼한 그리스도인들에게 침대에서 해도 되는 것과, 특히 사순시기(부활절 이전 예수의 수난과 죽음을 기억하며 참회하는 40일 동안의 기간—옮긴이)에 해서는 안 되는 것에 대해 말해줄 의무와 권리가 있다고 생각했다.

앞에서 보았던 것처럼 성에 대한 그의 평가는 그의 개인적인 금욕과 창조주가 주신 육체의 아름다움에 대한 가톨릭교회의 긍정적 평가 사이에서 긴장을 이루고 있다(R ii.15). 그러나 가장 긍정적인 평가조차도 결혼한 부부들 또한 성과 관련된 문제가 있을 수 있다는 경험적 사실을 제거할 수는 없었다. 육체는 의지와 이성 모두에 불복종할 수 있다. (포르피리오스의 사상을 차용해) 아우구스티누스는 이러한 사실을 영혼이 하느님의 선에 저항한 데 대한 형벌이라고 보았다. 그러므로 육체적 행위는 최초의 타락 이후 결함이 생긴 인간 본성과 죄를 매개하는 수단이라고 그는 주장했다. 이런 자신의 주장이 옳지 않다면 신약성경에서 혼인생활보다 독신생활이 훨씬 더 훌륭하다고 간주하지 않았을 것이라고 했는데, 이 또한 포르피리오스와 공유하는 견해다. 그러므로 '죄의 뿌리는 육욕의 발생에 있다'(PMii. 15).

아우구스티누스는 자신의 가설을 통해 예수가 동정녀에게서 태어난(부활과 마찬가지로 이교도들의 비판을 불러일으킨 기적) 이유를 설명할 수 있다고 대담하게 생각했다. 예수는 성모 마리아에게서 원죄에 물든 육신이 아니라, '죄스러운 육신과의 닮음'을 취했다(사도 바오로의 표현). 아우구스티누스는 여기에서 강력하고도 유독한 주제를 중세 신학에 주입하게 된다. 곧 예수의 동정녀 출생이란 것이 혼인생활 안에서 이루어진 성행위조차 색욕에 오염된 것임을 내포한다는 것이다. 이러한 견해에 담긴 전제조건들은 12세기가 되어서야 피에르 아벨라르Pierre Abélard와 믈룅의 로베르Robert de Melun에 의해 드러나고 비판받았다.

그럼에도, 아우구스티누스는 자신의 금욕적 입장이 과장되는 것을 막을 필요가 있다고 인식했다. 390년경 요비니아누스Jovinianus라는 수도사가 금욕주의를 비판하며 동정童貞이 혼인생활보다 대체로 더 우월하다는 생각을 부정하자 히에로니무스가 그에 대해 맹공격을 퍼부었다. 하지만 히에로니무스의 비판은 성과 결혼에 대한 증오의 송가가 되었고, 마니교의 비판이 오히려 굉장히 그럴듯하게 생각될 정도였다.

히에로니무스의 경솔한 행동이 가져온 결과를 바로잡고자 아우구스티누스는 401년 『결혼론De bono coniugali』을 썼다. 이 책은 수녀들을 대상으로 쓴 것으로 수녀들이 더 높은 차원의 삶을 선택한 것은 사실이지만, 그렇다고 그리스도인의 혼인생활을 폄하해서는 안 된다고 경고한다. 성행위에 불가피하게 동반되는 육체적 즐거움은 리비도libido와 구분되어야 한다. 리비도는 성적 충동을 그릇되게 사용하는 것이다. 아우구스티누스는 결혼의 좋은 점들을 꼽았는데, 부부 상호 간의 육체적 즐거움은 빠져 있다. 그가 꼽은 결혼의 좋은 점 세 가지는 자녀 생산, 부부 상호 간의 정조, 그리고 불가해소성의 원칙에 따른 성사(이혼이나 별거 후의 재혼 불가)이다. 혼인의 불가해소성이라는 것은 마태오복음서 5장 32절과 코린토1서 7장 10절~11절에 따른 것으로, 이에 대해 아우구스티누스는 오랫동안 망설임을 느꼈지만, 펠라기우스와 벌이던 논쟁이 마지막 단계로 갈수록 점점 더 엄격한 입장을 취하게 되었다.

아우구스티누스가 생각하기에 결혼은 두 사람의 육체적 결합이 아니라 마음의 동의로 성립된다(그는 로마법의 지배적인 견해를 받아들였다). 그리고 성행위가 우선적으로 자녀 생산을 위한 것이긴 하나, 아우구스티누스의 판단으로는 부부가 자녀 생산을 의도하지 않고 성관계를 즐긴다 해도 '용서받을 수 있다'고 보았다. 아리스토텔레스와 사도 바오로 같이 그 또한 부부 사이의 의무들을 강조했다. 그는 진지하고 고결한 그리스도인 부부들에게 최대한 자제하기를 권고했으며 성행위를 하지 않는 노년 부부의 우정보다 아름다운 것은 없다고 생각했다. 그러나 그리스도인의 결혼에서 육체적 충동은 '좋고 바르게 사용'된다는 생각을 정말로 수긍했으며, 실제로 그렇게 주장했다. 그가 스스로 말할 수 없었던 것은 그 육체적 충동이 그 자체로 도덕과 상관없다거나 하느님이 창조하신 인간의 동물적 본성이기 때문에 매우 자연스러운 행위라는 것이었다. 그는 오히려 플라톤주의 전통에서, 곧 육체적 본성을 거의 누락하고 있는 관점에서 인간의 핵심을 정의하길 원했다. 언젠가는 반드시 죽어야 할 이성적 동물이라는 아리스토텔레스의 인간 정의를 인용할 수도 있었지만, 그는 확실히 육체에 결합하거나 육체를 이용하는 영혼이라고 말하기를 더 좋아했다.

논쟁을 벌이는 과정에서 적정 수준을 넘어설 만큼 거친 언어를 사용하도록 만든 또하나의 핵심 주제는 예정설에 대한 교의였으며 여기에는 인내에 대한 의혹이 관련되어 있었다. 이 주제들은 너무나 복잡한 것으로 여겨져서 열한 세기가 지난 뒤 트리엔트공의회에서도 관련 문제들을 매우 조심

스럽게 다뤘고, 결국 판결을 내리긴 했지만 그 어떤 심각한 모호함도 제거하지 못했다(그로 인해 얀선주의 논쟁을 향한 문이 열리게 되었다[얀선주의Jansenism는 17세기 네덜란드의 얀선Jansen이 아우구스티누스를 연구하면서 일으킨 신학의 흐름이자 종교운동으로, 엄격한 구원예정설, 완전히 타락한 존재라는 비관적 인간관, 인간의 자유의지에 비해 신의 은총의 우월성을 강조했다―옮긴이]).

아우구스티누스는 은총을 우선시하면 선택받은 백성들이 은총에서 멀어지는 것을 결국 하느님이 허락하실 수 없다는 결론에 이른다는 점을 이해했다. 예정설은 하느님의 의도하신 목적지에 결국 이르게 될 것이라는 함의를 지닐 수밖에 없다. 그러므로 인간의 예지는 인과적이지 않지만 하느님의 예지는 인과적이다. 아우구스티누스는 예정된 운명에 대한 하느님의 결정이 예견된 공로에 근거해 이루어진다는 당대 그리스 신학자들의 보편적 생각에 머무를 수 없었다. 과거나 현재나 미래에, 인간 안에 있는 그 무엇도 하느님의 선택을 끌어낼 만큼 감동적이거나 칭찬받을 만한 이유가 될 수 없다. 이로 인해 하느님이 완전히 이해 불가능한 자의적 전제군주로 취급되는 통렬한 문제에 대해, 아우구스티누스는 하느님이 구원받을 운명을 예정할 뿐만 아니라 사람들에게 공로를 나누어준다고 하는 자신의 금언으로 대처해야 했다.

그는 예수에게서 자신의 주장을 가장 잘 보여주는 본보기를 발견했다. 하느님과 하나이므로 예수의 선함은 우발적이지도 않고, 결코 불안정하지도 않다. 예수는 죄를 지을 수 없었지만 우리는 그럴 수 있다. 그러나 우리가 선택된 백성 안에 든다면, 우리도 분명 죄에서 벗어나 하느님이 예정하신 목적을 이루게 될 것이다. '완전한 그리스도'가 예정된 것이다.

아우구스티누스는 선택된 자들이 매우 예외적으로 사적 계시를 받지 않고는 자신이 선택되었는지 아닌지를 확실히 알 수 없다고 인정했으며, 실제로 그렇게 주장했다. 선택을 위한 경험적 시험이 단 한 번 있을 수 있지만, 그것이 필요조건이긴 해도 충분조건은 아니다. 그 시험이란, 바로 신의 은총 아래서 마지막 숨을 쉴 때까지 인내하는 것이다. 그러나 하느님 한 분만이 누가 자기 백성에 드는지 알고 있다. 신앙과 참회 속에서 자신의 의지를 하느님께로 처음 향하게 되는 것이 그러하듯, 인내 또한 공로 없이 얻을 수 있는 은총의 선물이다.

아우구스티누스의 이러한 교의들은 북아프리카는 물론, 특히 갈리아Gallia(오늘날 프랑스 전역—옮긴이) 남부의 마르세유Marseille와 레렝Lérins에 있는 수도사들 사이에서 격렬한 비판을 불러일으켰다. 하지만 아퀴타니아Aquitania(오늘날 프랑스의 남서부 지방—옮긴이)에서는 확고한 지지를 받았다(이후 여러 세기 동안 아우구스티누스의 예정설을 둘러싼 논쟁은 주로 프랑스 땅에서 일어났다).

아우구스티누스를 비판한 이들은 그의 예정설이 성경의 일부만 선택적으로 인용하고 있을 뿐이며, 그의 주장에 들어맞지 않는 부분들에 대해서는 무시하고 있다는 명백한 사실에 근거해 압박해왔다. 그에 따르면, '하느님께서는 모든 사람이 구원을 받고 진리를 깨닫게 되기를 원하십니다'(티모테오1서 2:3―옮긴이)라는 신약성경 구절은 선택된 백성 안에 모든 민족의 대표들이 포함될 것이라는 식으로 해석해야 했다(CG 44). 그에 대한 비판은, 그가 (일관성을 잃고) '호기심' 속에서 헤매고 있다는 비난으로 거의 요약될 수 있다. 하느님께서 계시하신 바 없고 인간의 지식을 넘어서는 사안들에 대한 조사를 그가 요구했다는 것이다. 그러나 이러한 근심 뒤에는, 아우구스티누스의 교의가 도덕적 해이를 낳을 수 있다는 합리적 우려도 있었다. 갈리아 남부에서 비판했던 사람들 중 다수는 펠라기우스와 율리아누스에 반대하는 아우구스티누스의 의견을 지지했으나, 그가 사용하는 논리에는 당혹스러워했다.

선택된 백성이라는 매우 아우구스티누스적인 교의는 그리스도교 역사에서 9세기의 고트샬크Gottschalk나 16세기의 장 칼뱅Jean Calvin, 17세기의 얀선Jansen 등에 의해 옹호됐다.

이들은 모두 한결같이 반대 여론을 불러일으켰다. 반대자들은 펠라기우스파의 대안을 피하려 하면서도 인간의 자유의지와 책임을 보존하려는 사람들이었다. 아우구스티누스 자신은 밀라노의 심플리키아누스를 위해 쓴 책에서 은총과 자유의지에 대한 논의에 평결을 내린다. 아마도 이 평결은 그에게 반대하면서 펠라기우스에게도 반대하던 이들이 보던 방식대로 그 문제를 요약한 것이 될 수 있겠다. '이 문제를 해결하려 애쓰면서 나는 인간 의지의 자유 선택을 보존하고자 힘썼으나 결국 하느님의 은총이 나를 이겼다.'(R ii.1)

아우구스티누스는 자신의 저작들 덕분에 살아 있는 동안 널리 영향을 끼쳤다. 그의 글은 라틴어가 읽히는 곳이라면 어디에서나 유통되었다. 그가 알지 못하는 사람들까지도 그에게 편지를 보내 그들의 난제들을 풀어달라고 부탁하거나, 자신들이 쓴 신학 논고를 호평해주기를 바랐다. 말년의 히에로니무스까지 베들레헴에서 편지를 보내 그의 책들이야말로 정말 '옛 신앙을 재정립'했으며, 그에 대한 이단들의 신랄한 공격들은 오히려 그의 업적을 증언해줄 뿐이라고 했다(E195). 아우구스티누스 자신은 이유를 밝히지 않아도 되는 '권위자'로 추앙받는 것을 매우 당혹스럽게 여겼다. 그는 오직 성경만이, 그리고 성경이 언급하지 않았거나 모호한 부분에 대해서는 초교파적 합의만이 신도들에게 그러한 권위로 인정받을 수 있다고 생각했다. 게다가 그의 이상은 죽는 날까지 자신이 이해한 바를 계속해서 교정하고 개선하는 것이었다. 일반적으로 그는 자신이 어떤 관점을 취한 적 있다는 이유만으로 그 관점을 방어하려고 나서는 사람이 아니었다. 그가 자신을 비판하는 이들을 다루는 방식은, 그들의 관점이 지닌 문제들을 지적하면서 자신은 자신의 관점을 가지고 살아가는 편이 낫겠다고 암시하는 식이었다.

그의 저술들은 언제나 그가 지닌 정신의 독립성을 반영했으며, 그의 가장 큰 강점은 필시 복잡한 문제의 핵심에 이르는 흔치 않은 능력이었을 것이다. 전문적인 전업 철학자는 아니었지만, 그의 정신은 철학적으로 잘 훈련돼 있었으며, 그의 저작들은 플라톤주의 전통과 관련해 철학적 사고를 하는 사람들에게는 여전히 상당한 관심 대상이다. 상당 부분 플로티노스에게서 받은 피가 그의 혈관을 흐르긴 했지만, 그는 여전히 설득력 있는 연설의 달인이었다. 386년에 수사학에서 철학으로 옮겨가긴 했지만, 5년 뒤에 서품받음으로써 웅변술이 중요한 상황에 다시 놓이게 되었고 이때에는 어떤 인간적 관심사가 아니라 신의 진리를 대변한다는 새로운 확신을 품었다. 그는 언제나 언어의 힘에 매료돼 있었다.

에드워드 기번Edward Gibbon은 아우구스티누스에 대해 '그의 학식은 빌려온 것인 경우가 너무 많았고, 그의 논거들은 자신의 것인 경우가 너무 많았다'라고 경멸하듯 썼다. 어떤 현대 학자는 이 경멸하는 대목을 취해 판단을 뒤집으려 했다. 그의 학식은 대체로 그 자신의 것이었다. 그는 언제나 가까운 곳에 훌륭한 장서들을 두고 있다. 거기에는 고전 문헌과 그리스도교 문헌들이 모두 있었고 그리스 신학자들의 책들도 있었다. 또한 그의 정신에도 고전 문헌들이 풍부히 저장되어 있었다. 그는 갖고 있던 장서들을 어떻게 써야 할지도 알고 있었다. 그의 논거들은 실제로 상당 부분 빌려온 것이긴 하다. 특히 포르피리오스와 키케로가 주된 출처였는데, 키케로의 『호르텐시우스』를 그는 절대 잊을 수 없었다. 신플라톤주의자들에게서 빌려왔다고 해도 그가 거기에 비판적으로 반대한 적이 없지는 않았다.

기번의 경멸은 18세기 계몽주의에서 특징적이었던 아우구스티누스주의에 대한 일반적 반감을 잘 드러낸다. 이러한 반감에는 그럴 만한 이유가 있었다. 오랫동안 종교개혁과 반反종교개혁 사이의 참혹한 다툼 속에 여러 차례 전쟁이 벌어지며 양쪽 다 막대한 피해를 입었는데, 대체로 교회와 은총에 대한 아우구스티누스의 교의를 다르게 해석하면서 벌어진 논쟁이 도화선으로 작용했다. 16세기에 오직 믿음을 조건으로 은총에 의해서만 의롭게 된다는 주장을 둘러싸고 촉발된 논쟁은 (18세기 계몽주의자들에게는 지루하고 부적절해 보였겠지만) 아우구스티누스의 사상과 중세 사상의 틀 안에서 이루어졌으며, 본성과 은총의 관계에 대한 논쟁이 더 나아간 것이었다. 16세기에는 양쪽 모두 아우구스티누스에게 크게 호소했다. 1547년 트리엔트공의회에서 이 문제에 대해 내린 결정은 아우구스티누스의 구절들을 짜깁기한 형태였으며, 너무나 반反펠라기우스적이었기 때문에 프로테스탄트들은 그 진정성을 신뢰할 수 없었다. 무엇보다도, 아우구스티누스는 완벽에 도달할 수 있는 인간의 능력을 부인했고, 특히 얀선주의자들과 칼뱅주의자들이 나서서 이러한 견해를 대변했으며, 계몽주의에서는 이들에게 날카롭게 반발했다.

아우구스티누스는 또다시 금욕주의의 이상을 대표하게 되었다. 프로테스탄트 종교개혁은 평신도들에게 광범위한 지지를 받았는데, 이들은 정치적 동기에서 수도생활이라는 이상에 반대했다. 평신도 반反성직주의자들은 수도원들이 자신의 기관을 유지하고자 너무 많은 부富를 빨아들이고 있다며 수도회에 맞섰다. 오직 믿음을 조건으로 은총에 의해서만 의롭게 된다는 교의와 공동체 안의 금욕적 규율 사이에는 어떠한 근본적 긴장도 없었지만, 루터는 수도 서원이 신약성경의 그리스도교에 모순된다고 애써 주장했다. 계몽주의에서도 수도 생활에 대해서는 반대했으나, 재산을 버리라는 금욕적 가르침이 신약성경에 들어 있다는 반反종교개혁

11. 〈수도원 독방의 성 아우구스티누스〉
(산드로 보티첼리Sandro Botticelli, 우피치 미술관, 피렌체, 15세기)

진영의 아우구스티누스적인 신념을 받아들였다. 볼테르Vol-
taire와 기번은 그리스도교에 내재된 금욕주의를, 그리스도교
를 거부해야 하는 근본 이유로 보았다. 은총과 평화의 복음
은 이 세계를 물질적으로 더 부유하게 만드는 일과 아무 관
계가 없었으며, 군사적 위업을 단념하게 할 뿐이었다.

아우구스티누스는 정통 그리스도교가 내세 지향적이라고
확신했다. 그 판단 기준은 시간과 역사의 과정을 뛰어넘는
조건들에서 나왔다. 이 세계가 하느님의 세계라는 것을 믿었
지만, 그는 인간의 삶이 전적으로 세속적이고 물질적인 질서
에 속할 수 있다거나, 권력과 명예, 부富와 성性 등이 으뜸가
는 가치가 될 수 있다고 믿지 않았다. 키케로는 이러한 것들
이 개인에게나 사회에게나 행복에 이르는 길이 될 수 없음
을 아우구스티누스의 마음에 지울 수 없이 새겨놓았다.

더 읽을거리

성 모르 베네딕도회the Benedictines of St Maur의 아우구스티누스 전
집(파리, 1679~1700)은 여러 차례 재발간되었으며, J. P. 미뉴Migne
의 『라틴 교부학 전집Patrologia Latin』(Paris, 1841~2)에 들어 있다.
여기에 담겨 있지 않은 설교들은 다음의 책에 실려 있다. G. 모랭
Morin의 『성 모르 베네딕도회의 전집 이후에 발견된 설교들Ser-
mones post Maurinos reperti』(Rome, 1930), C. 랑보Lambot의 『설교 선
집Sermones Selecti』(Utrecht, 1950), F. 돌보Dolbeau의 『아프리카 사람
들을 향한 26개의 설교Vingt-sis Sermons aux Peuple d'Afrique』(Paris,
1996).

여러 주요 작품들 다음 두 시리즈에서 현대판으로 나와 있다. 라틴
교회 저자 전집Corpus Scriptorum Ecclesiasticorum Latinorum, 그리스
도교 전집Corpus Crhistianorum이 그것이다.

여러 작품들이 영어로 번역되었다. 『옥스퍼드 교부총서Oxford Li-
brary of the Fathers』(1838~81), M. 도즈Dods가 편집한 시리즈(T.&T.
Clark, and Eerdmans), 그리고 최근에 나온 세 개의 시리즈 『그리
스도교 고전총세Library of Christian Classics』, 『교부들Fathers of the
Church』, 『고대 그리스도교 저술가들Ancient Christain Writers』이 있
다. 『고백록』(『옥스퍼드 세계고전집Oxford World'S Classics』, 1992)과
『신국론』(H. Bettenson, London, 1972. 신판 1984)의 영어 번역본도 있

다. 『고백록』의 가장 좋은 번역본은 A. 솔리냑Solignac판(Paris, 1962)
이다.

신학적 내용이 없는 전기로는 피터 브라운Peter Brown이 쓴 『히포의
아우구스티누스: 전기Augustine of Hippo: A Biography』(London, 1967)
가 훌륭하다.

사상적인 면을 다룬 책으로는 다음의 책들이 있다. E. 질송Gilson
의 『아우구스티누스의 철학The Philosophy of St Augustine』([영역
본]London, 1960), 버너비Burnaby의 『신의 사랑Amor Dei』(Norwich,
1995), G. 보너Bonner의 『아우구스티누스의 생애와 논쟁들Augus-
tine, Life and Controversies』(London, 1964. 신판, Norwich, 1986), E. 테
셀TeSelle의 『신학자 아우구스티누스Augustine the Theologian』(New
York, 1970), R. A. 마커스Markus 편 『아우구스티누스: 비평집Augus-
tine: Collection of Critical Essays』(New York, 1972).

교회론에 관한 책은 R. F. 에번스Evans의 『One and Holy(London,
1972), 윤리학에 관해서는 H. A. 딘Deane의 『The Political and
Social Ideas of St Augustine』(Columbia, paperback, 1963)가 있다.

도나투스파에 대한 책은 W. H. C. 프렌드Frend의 『The Donatist
Church』(Oxford, 1952. 2nd edn, 1985)가 있다.

신플라톤주의에 대한 책은 J. J. 오메라O'Meara의 『The Young
Augustine』(London, 1954. paperback, 1980), C. 해리슨Harrison의
『Augustine, Christian Truth, and Fractured Humanity』(Oxford,

2000), R. 소랍지Sorabji의 『Time, Creation and the Continuum』
(London, 1983), 폴 헨리Paul Henry의 『The Path to Transcendence』
([영역본], Pittsburgh, 1981), P. 쿠셀Courcelle의 『Late Latin Writers
and their Greek Sources』([영역본], Harvard, 1969), H. 하겐달Ha-
gendahl의 『Augustine and the Latin Classics』(Gothenburg, 1967), G.
오데이O'Day의 『Augustine's City of God』(Oxford, 1999)가 있다.
플로티노스에 대한 영역 편집본으로는 A. H. 암스트롱Armstrong의
러브 고전총서Loeb Classical Library가 있다.
아우구스티누스 연구 문헌 연감은 〈Revue des études augustinien-
nes〉(Paris)에 실린다.

개정판 역자 후기

이 책은 뿌리와이파리에서 '그리스도교를 만든 3인의 사상가'라는 기획의 두번째 책으로 처음 출간되었다. 그리스도교 역사에서 큰 획을 그은 세 사상가로 사도 바오로, 교부 아우구스티누스, 개혁가 마르틴 루터를 선정했고, 영국 옥스퍼드 출판사의 Very Short Introduction 시리즈에서 각 인물을 다루는 책을 우리말로 옮겨 내놓았다. 해당 분야에서 인정받는 탁월한 저자들이 부담스럽지 않은 분량으로 각 인물의 생애와 사상을 개괄적으로 다루면서도 핵심적인 문제들을 날카롭고 깊이 있게 제시한다는 점에서 탁월한 선택이었다고 생각한다. 뿌리와이파리에서 판권 계약이 종료되어 더이상 책이 나올 수 없게 되었을 때, 다행스럽게도 교유서가의

'첫단추' 시리즈로 옮겨와 재출간할 수 있게 되었다. 세상의 거의 모든 주제에 관한 입문서를 제공하고 있는 이 시리즈 안에서 그리스도교의 사상가들을 다시 소개할 수 있게 되어 기쁘다. 개인적으로는 번역을 생업으로 삼아 살아갈 수 있는 계기가 되어준 이 책이 영영 절판되지 않고 다시 나올 수 있게 되어 무척 감사하다. 이 책을 읽는 독자들이 다양한 주제 가운데 하나로서 그리스도교의 역사와 교리를 이해하고, 그 것들이 이 세상에서 갖는 의미를 생각하게 되기를 바란다.

　아우구스티누스는 그리스도교 신자가 아닌 사람들도 모 두 알고 있지만 제대로 아는 사람이 거의 없는 인물이 아닐 까 싶다. 대부분의 사람들에게 아우구스티누스는 회심回心 의 아이콘이다. 젊은 시절에 오랫동안 방황하다가 어머니 의 지극한 기도 덕분에 회심하여 그리스도인이 되었고, 거 룩한 삶을 살다가 『고백록』이라는 자기반성의 기록을 남겨 성인으로까지 공경받는 인물이라는 것이다. 하지만 아우구 스티누스가 거친 방황의 세월에 대해 구체적으로 아는 사람 도 드물고, 그리스도교 신자가 된 이후에 그가 무엇을 하며 어떤 사상을 전개했는지 아는 사람은 더욱 드물다. 대부분 의 그리스도교 신자들이 신앙의 모범으로 아우구스티누스 를 공경할 뿐, 그의 생애와 사상을 공부하려 하지 않는다. 고

대를 다루는 학계에서도 고전 그리스·로마를 주로 다룰 뿐
고대 말에서 중세 초기로 이어지는 시기는 상대적으로 홀대
한다. 하지만 무엇보다도 아우구스티누스 자신의 생애가 장
대하고, 그의 사상이 방대하기 때문에 그에게 접근하는 일
자체가 쉽지 않다. 실제로 그는 고대 세계에서 비교적 장수
한 편일 뿐 아니라, 젊은 시절부터 각종 사상을 편력했고, 그
리스도교 신자가 된 이후에도 주교가 되어 노년에 이르기까
지 신자들을 이끌면서 교회에 닥친 문제들을 해결하고 이단
들과 대결하기 위해 논쟁했다. 그리고 그러한 과정에서 그는
고대 인물 가운데 누구보다도 많은 저술을 남겼고, 그 저술
가운데 상당 부분이 오늘날까지 전해지고 있다. 그러한 탓에
관심이 많은 독자라도 그에게 접근하는 일은 쉽지 않다.

영국의 저명한 신학자이자 초기 교회사 전문가인 헨리 채
드윅은 아우구스티누스에 접근하려는 사람들이 겪는 이 같
은 어려움을 잘 알고 있었던 듯하다. 그 자신이 영국 성공회
의 사제이기도 했고, 탁월한 음악가이기도 했으며, 케임브
리지대학과 옥스퍼드대학에서 연구하고 가르쳤을 뿐 아니
라 학장으로서 대학을 운영하기도 했다. 뛰어난 학술 서적들
을 출간했고, 가톨릭교회와의 소통과 일치를 위해 노력하기
도 했다. 2008년 그가 세상을 떠났을 때는 당시 캔터베리 대
주교였던 로완 윌리엄스가 "성공회에 교황은 없을지 몰라도

헨리 채드윅이 있다"라는 말로 그의 업적을 기렸을 정도다. 특히 채드윅은 교수직 정년퇴직 직전인 1982년에서 1983년 까지, 옥스퍼드대학에서 여는 유명한 대중 강연 프로그램인 새럼 렉처스Sarum Lectures에서 아우구스티누스를 주제로 강의를 하면서 일반인들 사이에서도 명성을 얻었고, 이 강의를 토대로 『아우구스티누스Augustine』(1986)를 출간했다.

채드윅은 기본적으로 아우구스티누스의 생애를 시간 순서대로 따라가되 그의 인생행로 자체에 관심을 두기보다 그의 사상이 형성된 과정과 이후 그의 저술들이 주로 다루게 된 주제들을 차례로 소개하고 있다. 그리스도교 신자가 되기 이전에 그는 당시의 다른 엘리트 젊은이들과 마찬가지로 그리스·로마의 고전들을 익혔고, 유능한 수사학 교사가 되었다. 이 과정에서 키케로의 영향을 강하게 받았고, 한때 마니교에 귀의하기도 했으며, 철학자들의 무리에서 플라톤주의 철학을 학습하기도 했다. 그리고 결국 세례를 받고 그리스도교 신자가 되는데, 이전까지의 과정은 그리스도교의 하느님을 찾아가는 방황의 시기이기도 했으나 그가 그리스·로마의 학문과 사상을 흡수하여 이후 그리스도교 신학을 더욱 발전시킬 수 있는 토대가 마련된 시기이기도 했다. 그는 얼마 지나지 않아 사제가 되었고 이어서 히포의 주교가 되었다. 그는 이제 성직자로서 교회 공동체를 이끌어가는 동시에, 교회

밖에서는 이교도들과 논쟁하고 교회 안에서는 이단들과 논쟁해야 했으며, 한편으로는 자기가 이상적으로 생각하는 하느님 나라를 추구해야 했다. 그러는 과정에서 그는 신과 인간과 세계의 본질 및 그 사이의 관계를 숙고했고 방대한 저술을 남기게 되었다. 그리고 그 저술을 통해 아우구스티누스 이전에 고대 세계에서 300년 가까이 진행된 초기 그리스도교의 여러 가지 논쟁들이 큰 틀 안에서 정리되고 종합될 수 있었다. 이를테면 아우구스티누스는 그리스·로마 고전을 바탕으로 한 그리스도교 신학의 체계화에서 한 정점에 이르렀고, 고대 서방 교회의 신학을 집대성했다고 할 수 있다. 고대의 모든 신학적 논의들이 아우구스티누스를 통하여 다시 중세로 이어졌고, 종교개혁가들은 아우구스티누스에게서 영감을 얻었으며, 근대를 거쳐 현대까지 이어지는 거의 모든 신학적 논의에서도 아우구스티누스는 중요한 원천으로 계속해서 다시 등장했다. 시간이 흐르면서 아우구스티누스에 대한 비판과 그와 다른 새로운 시각이 등장한 것은 당연한 일이었으나 그가 다루지 않았던 완전히 새로운 주제가 대두된 적은 없었다.

하지만 채드윅이 강조하는 것은 우리가 아우구스티누스에게 접근할 때는 우선 아우구스티누스가 살았던 시대를 배경으로 그가 당면해야 했던 문제들을 충분히 인식하고 바로 그 맥락에서 그가 하고자 했던 말을 이해해야 한다는 것이다. 아우구스티누스가 당대 최고 수준의 철학자이자 신학자인 것은 사실이지만, 그렇다고 해서 그가 처음부터 우리가 알고 있는 것과 같은 체계적이고 조직적인 신학을 가지고 있었던 것은 아니다. 그는 성직자로서 외부의 공격으로부터 교회를 수호하고, 내부의 분열을 막아 교회의 일치를 유지해야 했다. 시시각각 새로운 공격과 새로운 분열을 경험해야 했고, 그때마다 쟁점이 되는 문제를 신학적으로나 실천적으로나 해결해야 했다. 그의 사상은 그러한 과정에서 형성된 것이었고, 그 결과물로 오늘날 우리가 볼 수 있는 것이 그의 저술이다. 그러므로 그의 저술을 바탕으로 그의 사상을 정확히 이해하려면 배경과 맥락을 먼저 이해해야 한다. 그렇게 해야만 아우구스티누스를 올바로 이해할 수 있고, 오늘날의 상황에서 그를 올바르게 수용하거나 비판하는 것 또한 가능해지기 때문이다. 그런 면에서 채드윅은 우리에게 아우구스티누스를 명확히 이해할 수 있는 가장 간결하면서도 명료한 안내서를 제시하고 있다고 하겠다.

고백하건대, 아우구스티누스처럼 방대한 사상가의 생애와 사상을 개괄적으로 제시하는 책을 번역하는 일이 쉽지는 않았다. 저자가 언급하고 있는 로마제국 말기의 시대 상황을 이해해야 했고, 아우구스티누스에게 영향을 끼친 철학과 종교에 관한 까다로운 문장들을 정확하면서도 자연스러운 우리말로 바꾸어 전달하려면 신경을 곤두세워야 했다. 그래도 그 과정이 힘들기만 한 것은 아니었다. 이번에 다시 원서를 검토하고 번역 원고를 교정하면서 다시 확인하게 된 것은 아우구스티누스가 참으로 절실하게 진리를 추구했었다는 사실이다. 그가 살았던 시대에 종교와 철학이 갖는 의미는 오늘날과는 사뭇 달랐다. 그는 자신의 삶을 걸고 진리를 찾았고, 그렇게 해서 발견한 신을 진심으로 사랑했으며, 그 신을 통한 자신과 인류의 구원을 믿었다. 더구나 그 믿음은 치열한 이성적 논증을 요구하는 믿음이었으니, 그의 방대한 저술은 오히려 그 치열함을 입증하는 근거다. 모든 것이 상대화되고, 삶의 구원이나 진리의 추구 따위는 아무런 문제도 되지 않는 이 시대에 아우구스티누스를 알고자 한다는 것은 단지 그의 개념들과 논증들을 이해하는 것이 아니라, 바로 그러한 자세와 태도를 배운다는 것이 아닐까 하는 생각을 하게 된다.

책을 재출간하는 과정에서 이전에 보이지 않았던 오류를 바로잡고 문장을 다듬고자 노력했으나 여전히 부족한 부분이 많이 남아 있을까 염려스럽다. 새로운 번역서가 출간될 때마다 느끼는 걱정은 어쩔 수 없지만, 한번 나왔던 책을 다시 내는 입장에서는 불안이 배가될 수밖에 없다. 미진한 부분이 있다면 모두 번역자의 탓이다. 모쪼록 아우구스티누스에게 처음 관심을 갖게 된 독자들이나, 알고 싶었으나 쉽게 다가가지 못했던 독자들에게 이 책이 유용한 길잡이가 된다면, 번역자로서는 더 바랄 것이 없겠다.

2024년 10월

전경훈

초판 역자 후기

　'그리스도교를 만든 3인의 사상가'를 세 권의 책으로 기획해 출간할 것이란 이야기를 처음 들었을 때 반가운 마음에 선뜻 번역을 맡기로 했다. 흔히 그리스도교는 그리스문명과 함께 서구 문화를 이루는 두 뿌리라고 이야기하지만, 우리나라에선 그리스도교를 소개하는 책들이 상대적으로 드물었기 때문이다. 그리스도교의 사상과 역사를 학문과 교양으로 접근하는 일은, 일반인들에게 서구 문화를 보다 깊고 풍요롭게 이해할 수 있는 배경을 마련해줄 것이고, 그리스도교 신자들에게는 자신의 신앙을 성찰하는 계기가 되어줄 것이라 믿는다. 우리가 신이라고 부르는 절대 진리를 완전히 이해할 수는 없을지라도 더 풍부한 지식과 더 다양한 사유를 통해 그 속성들을 더 잘 알아갈 수는 있을 것이기 때문이다. 그런 점에서 그리스도교 2000년 역사의 중요한 순간들을 대표하는 바오로, 아우구스티누스, 루터의 사상과 생애를 간결하면서도 깊이 있게 정리한 세 권의 책을 내놓을 수 있게 되어 기쁘다.

아우구스티누스의 사상과 생애를 살펴보면 그는 마치 서구 고대 말기의 종합선물세트 같은 사람이 아닐까 하는 생각이 든다. 그는 그리스 사상가들과 라틴 사상가들을 두루 섭렵했고, 마니교를 비롯해 여러 종교를 경험했던 인물이었다. 그가 그리스도교로 개종했을 때 이 모든 사상과 경험들을 종합해 고대 철학과 그리스도교 신학의 새로운 지평을 열 수 있었다. 4세기 말 고대 로마제국이 완전히 붕괴되기 직전에 아우구스티누스라는 인물을 통해 기존의 고대 사상들이 집대성되고 이후 중세 그리스도교 신학의 큰 토대를 마련했다는 점은 서구 사상사에서도 큰 행운이 아니었을까 하는 생각이 든다.

현대인들은 고대인들이 지적으로 성숙하지 못했기 때문에 별다른 생각 없이 종교를 믿었을 것이라고 생각하는 오류를 자주 범하는 것 같다. 물론 어느 시대나 교육을 많이 받지 못한 대다수 사람들은 복잡한 사유보다는 단순한 신앙의 길을 택하는 법이다. 하지만 물질과학이 오늘날처럼 발달하지 못했던 고대 시대에도 합리성을 결缺하지 않은 정교한 사상체계들이 있었고, 그리스도교는 이러한 사상체계들과 경쟁하며 성장했다. 아우구스티누스는 플라톤을 계승하고 발전시켜 세계를 일원론으로 설명하려 한 신플라톤주의를 비판적으로 수용함으로써 그리스도교의 유일신사상을 체계적으로 확립했다. 사도 바오로에서 시작해 여러 교부敎父들이 끊임없이 고민해왔던 철학과 신학의 관계 정립이 아우구스티누스에 이르러 일단락되는 성과를 이룬 것이다. 신앙의 상대자로서 이성과 끊임없이 대화하고, 이성을 끌어안으면서 스스로를 정립하려는 그리스도교 특유의 지적 전통이 확고하게 자리를 잡은 것 또한 그가 이룬 큰 성과라고 하겠다.

아우구스티누스는 고대 세계에서 가장 많은 저작을 남긴 인물인 만큼 그의 사상체계는 방대하고 후대에 끼친 영향도 크다. 그리스도교 신학의 핵심 주제가 되는 삼위일체론을 비롯해 신의 섭리와 인간의 의지, 신의 은총과 인간의 행위 등에 관한 논의들에서 아우구스티누스를 언급하지 않을 수 없다. 하지만 개인적으로 아우구스티누스를 평가하고 싶은 것은 그의 『고백록』, 곧 기나긴 내면적 독백이다. 사도 바오로는 그리스도교를 외적 형식이 강조되는 종교가 아니라 개인의 '믿음'이 핵심이 되는 종교로 틀을 잡아놓았다. 바오로의 서간들에서 보이는 깊은 내면 통찰과 자기 인식은 아우구스티누스의 『고백록』에서 심원한 경지에 이른다. 특히 그것은 '너 자신을 알라'라고 하는 소크라테스 이래 서구 철학의 전통과 맞물리면서 고유한 개인의 '인격'이라는 서구 사상의 핵심적 개념을 이룬다. 여러 가지 형식이 첨가돼 변질된 중세 로마가톨릭교회에서 떨어져나와 종교개혁에 불을 붙인 마르틴 루터가 복구하려고 했던 것도 바로 그 개인, 그리고 개인의 내면에서 나오는 믿음에 근거한 종교라고 할 수 있겠다.

책을 번역하면서 새삼 발견하게 된 것은 바오로, 아우구스티누스, 루터 세 사람 모두 인생의 한순간 큰 변화를 겪었다는 점이다. 그리고 그들 개인의 변화는 그리스도교 역사의 변화로 이어졌고, 그들 삶에 나타난 단절과 연속이 그리스도교 역사의 변증법적 발전과 맞물렸다. 골수 유대교 바리사이였던 바오로는 자신이 박해해온 그리스도교의 선교사가 되어 그리스도교를 세계 보편종교로 확립하는 기틀을 마련했다. 세상 모든 사상과 종교를 편력하며 방황하던 아우구스티누스는 그리스도교로 개종한 뒤 기존의 철학과 신학을 종합해 중세 신학으로 나아갈 수 있는 토대를 마련했다. 로마가 톨릭교회의 수도자였던 마르틴 루터는 당시 교회의 문제점들을 공개적으로 질의함으로써 종교개혁의 불꽃을 터뜨렸고 그리스도교 역사뿐 아니라 서구 역사의 한 분기점을 이루었다. 세 사람은 모두 두려움 없이 진리를 추구했고, 그 진리를 끊임없이 사유했을 뿐 아니라 다른 생각을 가진 사람들과 계속해서 대화하고 논쟁했다. 그리고 한 걸음 더 나아가 자신의 삶에서 진리를 실천하고 그 진리에 따라 사람들을 이끌고자 노력했다. 물론 그들의 사상과 인생 또한 수많은 모순으로 가득차 있지만, 그들의 삶과 생각을 따라가다보면 그리스도교에서 추구하는 진리의 특징, 그 특징들을 증명하려는 과정에서 발생하는 문제, 그 문제들을 해결하려는 시도, 그 시도가 현실 세계에 미친 영향을 파악할 수 있을 것이다.

번역하는 동안 개인적으로는 수도자 신분에서 벗어나는 변화를 겪었다. 참된 진리와 옳은 가치를 추구하면서, 단절됐지만 또 연속된 삶을 살아낸 세 사람이 내게 위안이 되었다. 그 위안은 그들이 역경 속에서도 신을 추구했다는 것이기보다는, 오히려 신을 추구하는 삶에서도 온갖 모순과 혼란이 끊이지 않았다는 사실이었다. 책을 읽는 독자들에게도 현실에 발 붙이고 절대 진리를 추구하며 열정적으로 살아간

세 사람의 사상과 인생이 지적 즐거움과 삶의 위안으로 다가갈 수 있길 바란다.

2016년 푸른 5월에

전경훈

도판 목록

아우구스티누스
AUGUSTINE

초판 1쇄 인쇄 2024년 11월 25일
초판 1쇄 발행 2024년 12월 5일

지은이 헨리 채드윅
옮긴이 전경훈

편집 이고호 이원주 이희연
디자인 이혜진
저작권 박지영 형소진 최은진 오서영
마케팅 김선진 김다정
브랜딩 함유지 함근아 박민재 김희숙 이송이
　　　　박다솔 조다현 배진성 이서진 김하연
제작 강신은 김동욱 이순호
제작처 한영문화사(인쇄) 한영제책사(제본)

펴낸곳 (주)교유당　**펴낸이** 신정민
출판등록 2019년 5월 24일
　　　　　제406-2019-000052호
주소 10881 경기도 파주시 회동길 210
전자우편 gyoyudang@munhak.com
문의전화 031-955-8891(마케팅)
　　　　　031-955-2680(편집)
　　　　　031-955-8855(팩스)

페이스북 @gyoyubooks
트위터 @gyoyu_books　**인스타그램** @gyoyu_books

ISBN 979-11-93710-77-7 03160